ANXIÉTÉ
La boîte à outils

Catalogage avant publication de Bibliothèque et Archives nationales du Québec et Bibliothèque et Archives Canada

Hébert, Ariane, 1974-

    Anxiété, la boîte à outils : stratégies et techniques pour gérer l'anxiété

    ISBN 978-2-89662-639-7

    1. Angoisse chez l'enfant. I. Titre.

BF723.A5H42 2016   155.4'1246   C2016-941075-7

Édition
Les Éditions de Mortagne
C.P. 116
Boucherville (Québec) J4B 5E6
Tél. : 450 641-2387
Téléc. : 450 655-6092
Courriel : info@editionsdemortagne.com
Site Web : editionsdemortagne.com

Tous droits réservés
Les Éditions de Mortagne
© Ottawa 2016

Illustrations
© 123RF – Andrei Krauchuk. © Ron Leishman (ToonClipart.com).

Dépôt légal
Bibliothèque et Archives Canada
Bibliothèque et Archives nationales du Québec
Bibliothèque nationale de France
3ᵉ trimestre 2016

ISBN 978-2-89662-639-7
ISBN (epdf) 978-2-89662-640-3
ISBN (epub) 978-2-89662-641-0

1 2 3 4 5 – 16 – 20 19 18 17 16

Imprimé au Canada

Veuillez noter que, dans le texte, les titres et fonctions sont employés indifférem ment au féminin ou au masculin.

Gouvernement du Québec – Programme de crédit d'impôt pour l'édition de livres – Gestion SODEC.

Membre de l'Association nationale des éditeurs de livres (ANEL)

ARIANE HÉBERT, psychologue

ANXIÉTÉ
La boîte à outils

Stratégies et techniques pour gérer l'anxiété

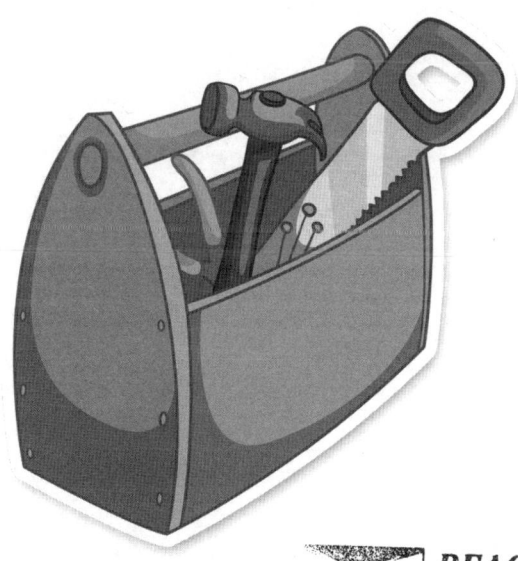

ÉDITIONS DE MORTAGNE

À Anick Lemay,
qui m'a appris que la force, le courage,
la détermination et le dépassement de soi
ont plusieurs visages.

Sommaire

Introduction	13
Peur, stress et anxiété	17
La peur et l'anxiété : des ennemis à vaincre ?	21
Les types de troubles anxieux	27
Le trouble panique (TP)	29
L'agoraphobie	31
Le trouble d'anxiété sociale (TAS)	33
Les phobies spécifiques	34
Le trouble d'anxiété généralisée (TAG)	36
Le trouble d'anxiété de séparation	39
Le mutisme sélectif	40
Le trouble de stress post-traumatique (TSPT)	44
Le trouble obsessionnel-compulsif (TOC)	46

À qui la faute ? Déterminer les coupables — 49

   J'en ai hérité ! Les facteurs génétiques — 50

   Ça se passe dans mon corps. Les aspects biologiques — 51

- Dormir pour dédramatiser : le sommeil — 51
- Manger pour déstresser : l'alimentation — 53
- Bouger pour se calmer : l'exercice — 56
- Se reposer pour relaxer : ralentir le rythme — 60
- Se retirer pour s'apaiser : l'environnement sensoriel — 64

   On me l'a montré ! L'apprentissage de l'anxiété — 66

- L'apprentissage de l'anxiété par l'expérience directe — 66
- L'apprentissage de l'anxiété par conditionnement — 68
- L'apprentissage de l'anxiété par imitation — 70
- L'apprentissage de l'anxiété par transfert de connaissances — 75

   J'suis fait comme ça ! La personnalité — 76

   C'est la faute des autres ! Les relations interpersonnelles — 78

- On est en chicane ! Les conflits récurrents — 78
- Ça se passe à la maison ! Les relations familiales — 82
- J'suis tout seul ! Le manque de soutien ou de disponibilité de personnes significatives — 87

   C'est comme ça qu'on m'a élevé ! Le style d'éducation — 90

- C'est l'armée ! Un style trop rigide et autoritaire — 90
- Tout est permis ! Un style trop souple et imprévisible — 92
- Fais attention ! La surprotection — 94

   On n'en a pas assez... Une situation économique précaire — 96

   Tout autour de moi... Le milieu de vie — 98

Le discours du *coach* : ce qu'il faut savoir pour éliminer l'anxiété — 101

   L'anxiété ne se résorbe pas seule — 101

L'anxiété n'est pas banale 102

Vaincre l'anxiété demande des efforts, de l'assiduité
et de la persévérance 103

Vaincre l'anxiété demande du temps 105

L'objectif poursuivi doit être celui de progresser 106

Équipé pour résister à l'anxiété : les interventions préventives ... 107

Je suis très bien comme je suis ! Nourrir l'estime personnelle ... 107

- Je sais qui je suis : la connaissance de soi 108
- Je suis compétent : se fixer des objectifs 112
- Je suis important pour toi : le sentiment d'appartenance ... 113
- Je ne suis pas parfait et c'est très bien ainsi :
  la bienveillance 116
- Je dis ce que je veux : l'affirmation de soi 118

Je sais ce qui s'en vient. La prévisibilité et le contrôle 121

- La prévisibilité 121
- Le contrôle 123

Tu veux être mon ami ? Développer les habiletés sociales ... 126

À l'attaque : pour se débarrasser de l'anxiété ... 133

Battre en retraite, pour mieux aider 133

C'est quoi, l'anxiété ? Comprendre pour s'aider 138

L'intervention structurée 145

- Dans mon corps : l'intervention sur le plan physique ... 145
- Dans ma tête : l'intervention sur le plan des croyances
  et des pensées 150
- Dans mes actions : l'intervention sur le
  plan comportemental 158
- C'est comme ça que ça va se passer : inciter à
  l'exposition 160
- Ça va changer... : s'exposer 163

Comment savoir si je dois consulter ? 167

Conclusion 169

Introduction

> Il y a une grande beauté à avancer dans la vie sans anxiété ni peur. La moitié de nos peurs sont sans fondement et l'autre moitié, peu honorables.
>
> Christian Nestell Bovee

L'envie d'écrire un petit guide au sujet de l'anxiété découle de plusieurs motivations.

Tout d'abord, l'anxiété est largement répandue dans la population, et assurément l'un des motifs de consultation les plus fréquents en psychologie, autant chez les enfants et les adolescents que les adultes. Les services psychologiques sont trop peu nombreux pour combler les besoins de la communauté, tant dans le privé que dans le réseau public, et les délais d'attente pour voir un professionnel de la santé mentale sont parfois outranciers. Cela est encore plus vrai lorsque l'on considère la clientèle pédiatrique. D'une part, je crois bien que, si je répondais à toutes les demandes de traitement de l'anxiété qui me sont formulées, je serais en poste vingt-cinq heures par jour, huit jours par semaine... Avoir des connaissances, des trucs et des stratégies pour aider son enfant ou son adolescent anxieux *en attendant* d'accéder aux services peut certainement donner un coup de pouce à plusieurs familles.

D'autre part, tous les enfants et adolescents qui présentent des traits d'anxiété n'ont pas nécessairement besoin de thérapie. Il est tout à fait normal de vivre des périodes plus stressantes dans le cours de sa vie et de sentir par conséquent ses capacités d'adaptation hautement sollicitées. Il est cependant toujours utile de connaître des moyens pour faciliter ce passage obligé.

L'intention de ce livre est également d'outiller les adultes (parents et intervenants) qui œuvrent auprès d'enfants et d'adolescents anxieux, sans savoir véritablement comment faire face à leurs difficultés. Très souvent, leur instinct les conduit à adopter des stratégies parfaitement adéquates, mais le besoin de se valider ou d'aller chercher des éléments supplémentaires à intégrer à leur boîte à outils demeure présent. J'espère que les informations contenues dans ce livre les appuieront.

Enfin, mon souhait est aussi de combler le désir des adultes qui, peut-être eux-mêmes anxieux, veulent être proactifs et outiller les jeunes et moins jeunes grâce à des stratégies préventives pour contrer l'anxiété.

Pour rendre compte de la diversité des manifestations que peut prendre l'anxiété et pour que les propos soient illustrés de façon plus concrète, le livre est ponctué de **Petit récit de psy** (❗), qui sont des anecdotes tirées de ma vie professionnelle ou personnelle. Afin de vous aider à cerner avec précision les difficultés de l'enfant ou de l'adolescent anxieux vous préoccupant et à intervenir plus adéquatement, plusieurs encadrés intitulés **Remue-méninges** ( ) vous invitent aussi à vous questionner.

Ce que je peux vous certifier, hors de tout doute, c'est que ce guide ne fera pas de vous un expert en la matière, un intervenant hautement qualifié ni un thérapeute accrédité. Il ne remplacera pas, pour les enfants et adolescents qui le requièrent, le soutien professionnel. Je crois toutefois qu'il vous renseignera, vous outillera, augmentera votre sentiment de compétence et vous donnera l'envie d'agir au meilleur de vos capacités. En espérant qu'il soit, d'une façon ou d'une autre, porteur de différence, je vous souhaite une bonne lecture.

Ariane

Peur, stress et anxiété

Dans la documentation, l'abondance de définitions des concepts de peur, de stress et d'anxiété indique qu'il n'existe pas de consensus universel quant à leur distinction. Cela étant, les différences suivantes sont généralement acceptées :

La peur consiste en un sentiment de frayeur accompagnant la prise de conscience d'un danger immédiat ou actuel, qu'il soit réel ou imaginé.

Maman, j'ai peur !!!

- Quel est ce craquement... ou serait-ce un grognement que j'entends lorsque je descends les escaliers du sous-sol ?

- Dans la grande roue, mon innocent de frère s'amuse à faire ballotter notre nacelle. J'ai l'impression d'être pulvérisée dans l'espace à chaque balancement...

- Mais arrêtez-le, je vous en prie ! Vous voyez bien que ce clown, maquillé avec excès et revêtu d'un costume aux couleurs agressantes, se dirige droit vers moi !

Le stress consiste en une réaction de l'organisme à l'anticipation d'une conséquence négative découlant d'une agression ou d'une menace, réelle ou perçue. Il s'accompagne d'un inconfort corporel.

Je suis une boule de stress !

- La dictée aura lieu ce matin ? J'aurais peut-être dû étudier davantage mes mots de vocabulaire... j'ai une boule dans la gorge.

- Mes jambes sont molles comme du Jell-O lorsque je m'élance pour faire une roue latérale devant tous mes amis dans mon cours d'éducation physique.

- Si je continue à trembler de la sorte, je risque fort bien de mordre par erreur le dentiste qui mettra ses doigts dans ma bouche !

L'anxiété est pour sa part un état mental de trouble et d'agitation, accompagné d'un malaise physique important et relié à des inquiétudes et à l'anticipation de conséquences négatives. Les inquiétudes sont généralement alimentées par notre petite voix intérieure et sont souvent excessives, voire irréalistes.

Je suis anxieux à mourir !

- Mes parents partent pour la soirée et me laissent seul avec la gardienne. C'est certain que je vais m'ennuyer d'eux, trouver le temps pénible et me morfondre sans relâche. Et si je ne les revoyais jamais ?

- Ça y est ; c'est aujourd'hui que je m'humilie publiquement. Les autres enfants vont assurément rire de moi pendant ma présentation orale.

- Le vélo n'a certainement pas été inventé pour les incapables comme moi. Je ne réussirai jamais sans mes petites roues.

Bien que conceptuellement défendables, les différences entre le *stress* et l'*anxiété* sont parfois difficiles à cerner dans la réalité. Puisque ces états peuvent tous deux entraîner un sentiment de détresse importante chez ceux qui les vivent, ces termes seront utilisés dans le présent ouvrage pour désigner autant des situations et événements stressants qu'anxiogènes, sans discrimination.

Notez également que, pour faciliter la lecture, nous parlerons tout au long du livre d'*enfants*, mais que ce terme englobe dans mon esprit des petits de zéro… à vingt-cinq ans, et même plus. ;-)

La peur et l'anxiété : des ennemis à vaincre ?

Bien sûr que non. Enfin, pas complètement. La peur nous protège en déclenchant une intense réaction du système nerveux autonome (une accélération du rythme cardiaque, de la respiration et de la transpiration, ainsi qu'une augmentation de la pression sanguine et du taux d'adrénaline dans le sang). Présente avec le sentiment de terreur, cette réaction corporelle nous permet de fuir ou de combattre pour nous défendre, en présence d'un danger. La peur est donc une réaction tout à fait souhaitable et appropriée. Elle peut toutefois être causée par une mauvaise analyse de la menace, et c'est précisément à ce moment qu'elle devient inadéquate. L'enfant, tout comme l'adulte, peut en effet interpréter un événement ou une situation comme comportant un danger physique ou psychologique, alors que la réalité est tout autre.

L'anxiété est quant à elle orientée vers le futur et caractérisée par l'appréhension de ce qui pourrait arriver, impossible d'ailleurs à prédire pour les non-devins. À un certain degré, l'anxiété entraîne une augmentation de la vigilance et une amélioration de la performance. Certains théoriciens vont même jusqu'à soutenir que, sans elle, peu d'entre nous feraient grand-chose.

Un enfant légèrement anxieux, par exemple, quant à un examen à venir, sera certainement plus enclin à lui consacrer quelques minutes de préparation dans les jours qui le précèdent. Il ne parviendra souvent à se mobiliser que si la menace d'obtenir un mauvais résultat plane au-dessus de sa tête, ce qui entraînerait à son tour des conséquences sur son estime, sa relation avec ses parents, son image auprès de ses amis, etc. Sinon, à quoi bon ?

Le fait d'affronter une fête d'amis avec une légère anxiété peut également avoir des effets positifs sur la capacité de l'enfant à adopter des comportements prosociaux (tels que la politesse, le partage, la coopération) et à être conséquemment accepté par ses pairs.

L'anxiété peut aussi conduire l'individu à faire preuve de comportements préventifs. L'enfant qui craint de se perdre dans un centre commercial demeurera plus vigilant quant à la proximité physique de ses parents et sera moins porté à jouer à cache-cache entre les rayons ou à s'éloigner. De la même façon, face à l'éventualité d'attraper froid, le jeune conviendra par lui-même de porter ses bottes pour se rendre à l'école et délaissera ses souliers de course... à moins, bien entendu, que l'opinion des pairs ne constitue une menace plus importante qu'un petit rhume de rien du tout.

En soi, l'anxiété n'est pas mauvaise. C'est lorsqu'elle est excessive qu'on voit poindre les difficultés. L'élève démesurément anxieux avant son examen risque fort bien d'obtenir des résultats non représentatifs de ses capacités ou de sa préparation. Le moment venu, il anticipera probablement ce qui surviendrait s'il échouait, plutôt que de concentrer son attention sur les questions inscrites et les réponses à fournir. Il pourra alors déjà imaginer la désapprobation de ses parents, les moqueries de sa fratrie, les regards méprisants des autres élèves et le désespoir de son enseignante.

Un autre sera, pendant le récital, envahi par des sensations de chaleur, de nausées, de vertiges et de tremblements, plutôt qu'en train d'apprécier le moment et de faire entendre sa voix comme il en était pourtant capable en répétition.

Lors de la sortie scolaire, l'élève anxieux investira toute son énergie dans la recherche d'indices qu'une menace compromettant son intégrité ou sa sécurité est présente dans l'environnement, au détriment bien entendu du plaisir qu'il pourrait éprouver avec les autres enfants.

Inspirée de la courbe Yerkes-Dodson[1], la figure suivante établit le lien entre la performance et l'anxiété.

---

1. La loi de Yerkes et Dodson (1908), qui correspond à une courbe en U renversé, établit un lien entre performance et motivation.

Il n'est donc pas souhaitable (ni réaliste d'ailleurs) de chercher à anéantir l'anxiété. Une certaine dose d'anxiété est favorable à la mobilisation et à la motivation, et entraîne une augmentation de la performance... jusqu'au point où tout bascule. Non seulement trop d'anxiété cause un malaise important à l'individu, mais cela diminue également sa performance. La vigilance est alors mal orientée, les signes de désorganisation se multiplient et l'épuisement se fait ressentir.

Petit récit de psy

En bureau privé, il m'arrive presque aussi fréquemment de recevoir, de la part des parents, des demandes pour diminuer l'anxiété chez leur enfant... que pour l'augmenter! En effet, il n'est pas exceptionnel que l'on me consulte pour trouver des solutions au désinvestissement scolaire ou au manque de motivation de l'enfant en regard de ses tâches. Croyez-moi, il est aussi difficile d'insuffler un peu d'anxiété à un jeune qui n'en éprouve aucune que d'atténuer celle d'un enfant qui en vit trop.

L'absence d'anticipation des conséquences de ses comportements conduit l'individu à vivre dans le moment présent et à ne pas tenir compte du futur. Il n'entrevoit donc pas la pertinence, par exemple, de se préparer pour un examen, puisqu'il ne s'imagine pas s'échiner à le compléter ou recevoir un piètre résultat. Évidemment, il n'anticipe pas non plus les conséquences, à plus long terme, que pourrait avoir un cumul de mauvaises notes ou de contraventions au code de vie de l'école.

Dans de pareils cas, l'intervention requise nécessite d'amener le jeune à saisir la menace (par exemple, l'échec scolaire) qu'il ne perçoit pas, question de le rendre juste assez anxieux pour espérer une mise en action...

 **Remue-méninges**

Cet enfant est-il vraiment trop anxieux ? Son anxiété lui permet-elle, dans certaines occasions ou sous certaines conditions, d'être plus productif, efficace, performant ? Au contraire, son anxiété le pousse-t-elle à contre-performer, à se montrer désorganisé, à s'épuiser ? Quels sont les impacts positifs et les impacts négatifs de son anxiété ?

Les types de troubles anxieux

La prochaine section décrit les troubles anxieux tels qu'ils sont reconnus par la cinquième édition du *Manuel diagnostique et statistique des troubles mentaux* de l'Association américaine de psychiatrie (DSM-5). À ces derniers s'ajoutent également de brèves descriptions du trouble de stress post-traumatique (TSPT) ainsi que du trouble obsessionnel-compulsif (TOC)[1].

Encore une fois, l'objectif n'est pas de vous amener à poser des diagnostics, mais plutôt de fournir un aperçu des différentes formes que peut revêtir l'anxiété pathologique.

---

1. Le TSPT et le TOC étaient classés, dans le DSM-IV, avec les troubles anxieux. Dans le DSM-5, le TSPT fait partie de la catégorie « Troubles liés au traumatisme et aux stresseurs », alors que le TOC est intégré à celle des « Troubles obsessionnels-compulsifs et apparentés ».

Il importe de retenir que, pour que l'on puisse parler de trouble, **les symptômes et manifestations de l'anxiété doivent entraîner nécessairement un dérangement du fonctionnement quotidien.**

Le tableau suivant présente les peurs qui sont normalement observées à différents âges. Elles font partie du développement normal de l'enfant et sont donc très souvent transitoires, ce qui ne signifie pas pour autant qu'elles devraient être banalisées ou qu'aucune intervention n'est nécessaire. Tout est relatif au niveau de détresse de ceux qui les vivent.

Âge	Peur normale
Poupon	Peur des bruits forts et des mouvements rapides (ressentis ou observés sur des objets).
À partir de six mois	Peur des étrangers (personnes nouvelles).
Vers 18 mois	Peur du noir, d'être laissé seul, des animaux et bestioles.
Vers 4-5 ans	Peur du noir, des animaux et bestioles non familiers et des créatures imaginaires (monstres, fantômes, lutins, etc.).
Vers 6-7 ans jusqu'à l'adolescence	Peur du noir, de la mort et des phénomènes naturels (foudre, orages, etc.).
Vers 11-12 ans et à l'adolescence	Peur du jugement, du ridicule et de l'échec.

Le trouble panique (TP)

Le trouble panique est constitué d'inquiétudes à propos des conséquences ou des effets possibles des attaques de panique, qui surviennent normalement sans crier gare et se vivent douloureusement.

- Juliette a l'impression que la folie la guette, puisqu'elle vit des attaques de panique qui entraînent des sensations de vertige, de chaleur et d'étourdissement.

- Thomas refuse d'aller au lit, puisqu'il a déjà fait une attaque de panique en pleine nuit et a cru être atteint d'une grave maladie, tellement son cœur battait à toute vitesse.

- Sandrine explique à l'intervenante scolaire qu'elle se sent dépressive, puisqu'elle ne se comprend plus : elle devient très mal sans raison et ne sait pas comment éviter de revivre ce cauchemar.

 **Petit récit de psy**

À douze ans tout juste sonnés, Mathis était convaincu de souffrir d'un problème cardiaque. Dirigé à ma clinique par son pédiatre, il m'expliqua qu'il pouvait, tout à coup et sans avertissement, sentir son cœur battre comme s'il venait de *sprinter*, être en sueur, avoir une vision troublée, sentir des picotements au niveau des bras et du visage, avoir le souffle court et trembler de tout son corps.

...SUITE À LA PAGE SUIVANTE ⇨

Le malaise durait normalement de dix à vingt minutes, puis repartait en laissant le jeune dans la honte d'avoir été (à ses yeux) aussi *faible*, et dans la crainte d'en revivre un autre. Sur une échelle d'inconfort psychologique graduée de 1 à 10, Mathis plaçait ces attaques à 12...

Peu de temps après qu'il a commencé le traitement, les crises ont cessé par elles-mêmes, disparues comme par magie pendant un an, et la thérapie a alors été interrompue. Il aurait été très valorisant pour moi qu'elles ne se représentent jamais, puisque j'aurais pu me faire croire que j'avais des compétences de guérison qui relevaient presque de la sorcellerie ☺. Elles sont toutefois revenues sans crier gare et c'est à ce moment que Mathis a compris qu'il avait intérêt à attaquer son trouble anxieux de front, plutôt que de vivre avec cette épée de Damoclès au-dessus de la tête continuellement. Grâce à sa discipline quasi militaire, ce jeune s'est investi à plein dans le processus et a complété les exercices proposés de façon assidue. Ses crises sont maintenant bel et bien chose du passé.

 **Remue-méninges**

L'enfant a-t-il déjà vécu une crise de panique ? Quelles sont ses craintes ? Portent-elles davantage sur les symptômes physiques ou sur ses conséquences possibles ? Ses peurs entraînent-elles une modification de son comportement ?

L'agoraphobie

L'agoraphobie est la peur de vivre une situation où il serait difficile de trouver du secours ou de s'échapper en cas de crise de panique ou de symptômes embarrassants (par exemple, peur de vomir en public) ou handicapants (par exemple, peur de s'évanouir). Cette crainte démesurée entraîne l'évitement de situations telles qu'utiliser des moyens de transport (autos, autobus, trains, avions), se retrouver dans des endroits clos (ascenseurs, théâtres), dans des endroits très vastes (stationnements, places publiques), dans une foule ou, encore, simplement, sortir de la maison seul.

- Antoine a la peur bleue d'uriner dans son pantalon en classe et d'être par conséquent l'objet de railleries de la part de ses camarades, même s'il maîtrise parfaitement sa vessie.

- Laurianne a déjà fait une attaque de panique en voiture pendant un long trajet et, malgré ses demandes répétées de s'arrêter au bord du chemin, ses parents ont poursuivi leur route, en cherchant à la calmer verbalement. Elle craint maintenant d'en faire une de nouveau et de faire face encore une fois à l'impossibilité d'échapper à la situation.

- Même si les sorties de secours sont nombreuses et très bien indiquées, Alex refuse d'entrer dans la salle de cinéma.

 **Remue-méninges**

L'enfant a-t-il déjà vécu une crise de panique ou une situation embarrassante en public ? Craint-il que cela ne se produise ? Doute-t-il de sa capacité à solliciter l'aide ou la bienveillance des gens ? Cherche-t-il à éviter certains lieux ? Tient-il systématiquement à être accompagné lorsqu'il se trouve en dehors de chez lui ? Ses peurs entraînent-elles une modification de son comportement ?

Le trouble d'anxiété sociale (TAS)

Le trouble d'anxiété sociale est l'appréhension excessive d'être observé ou au centre de l'attention et d'agir de façon embarrassante ou, pire, humiliante. Cette crainte peut s'étendre à une variété de situations ou n'en concerner qu'une seule.

- Rémi panique lorsqu'il marche en direction de l'arrêt d'autobus et sent le regard des autres qui se posent sur lui.

- Charlotte est très sociable et toujours entourée d'un bon groupe d'amis avec qui elle interagit aisément. Cependant, lorsque vient le temps de faire des présentations orales devant la classe, sa peur de rougir et de trembler la paralyse complètement.

- Christophe est tellement anxieux à l'idée d'être jugé négativement par les autres qu'il ne parle presque jamais à l'école.

 **Remue-méninges**

L'enfant a-t-il du mal à entrer en contact avec les autres ? Vit-il certaines situations sociales (comme les récréations, les temps de pause, les moments de transition) avec une détresse apparente ? Cherche-t-il à se soustraire aux contacts sociaux (comme refuser d'aller aux fêtes, de travailler en équipe, etc.) ? Devient-il démesurément nerveux lorsqu'il doit prendre la parole devant un groupe, que ce soit dans une situation formelle (exposé oral) ou informelle (conversation de groupe) ? A-t-il des amis ? Ses peurs entraînent-elles une modification de son comportement ?

Les phobies spécifiques

Les phobies spécifiques, ou phobies simples, consistent en des peurs excessives et persistantes à l'égard d'une situation ou d'un objet, lesquels sont fuis ou affrontés avec une grande détresse. La phobie entraîne inévitablement une altération du fonctionnement.

- Mathilde a peur des chiens à un tel point qu'elle refuse de passer devant la maison bleue en marchant, puisqu'elle entend des jappements en provenance de l'intérieur.

- Sachant qu'il prendra l'avion dans un mois, Nicolas a déjà du mal à dormir.

- Les microbes inquiètent tellement Justine qu'elle évite de s'approcher des amis de la classe qui toussotent le moindrement et a demandé à être changée de place lorsque sa partenaire de bureau s'est présentée à l'école avec un rhume.

Petit récit de psy

Il ne suffit pas, pour qu'on parle de phobie, que l'objet ou la situation provoque de la peur, du dégoût ou une réaction d'aversion. Un dérangement du fonctionnement quotidien doit aussi être observé. Aussi, lorsque j'ai questionné les élèves au cours d'une animation de groupe dans une classe de première secondaire, afin de savoir qui d'entre eux croyait avoir une ou des phobies, plus de la moitié du groupe a levé la main. La peur des araignées, celle des endroits clos et celle des orages faisaient partie des principales phobies mentionnées. *Très bien, alors maintenant, parmi ceux qui se croient arachnophobes, combien perdent plusieurs minutes par jour à vérifier les coins de plafond, les dessous de lit, le derrière des rideaux et les fonds de garde-robe pour s'assurer qu'aucune araignée ne s'y trouve ?* Plusieurs mains se sont alors baissées. Même scénario lorsque j'ai poursuivi : *Parmi ceux qui se croient claustrophobes, combien préfèrent monter cinq étages par les escaliers plutôt que de prendre l'ascenseur ? Refusent d'aller dans les cabinets de toilettes publiques, même avec une envie pressante ? Déclinent une invitation à une fête, sachant que celle-ci se tiendra dans un sous-sol ?* Et encore lorsque j'ai demandé : *Qui, parmi ceux s'identifiant comme brontophobes, craint les orages et les éclairs au point de ne plus sortir de la maison dès que le ciel se voile ? S'empêche de prendre part à un voyage en camping ou à toute autre activité de plein air, ou tremble et pleure pendant toute sa durée ?*
Les phobies spécifiques sont l'expression de peurs si intenses qu'elles commandent une modification du comportement. Par chance, aucun élève de cette classe n'avait réellement de phobie ; par contre, comme elles se présentent chez près de 10 % de la population, il n'aurait pas été surprenant qu'une ou deux mains demeurent levées...

> **Remue-méninges**
>
> L'enfant a-t-il une réaction de peur démesurément intense, face à un objet ou un événement? Déploie-t-il des efforts pour éviter cet objet ou événement? Ses peurs entraînent-elles une modification de son comportement?

Le trouble d'anxiété généralisée (TAG)

Le trouble d'anxiété généralisée est caractérisé par la présence d'inquiétudes démesurées et très difficiles à contrôler à propos d'une multitude d'événements.

- Béatrice est tellement inquiète à propos de tout et de rien qu'elle a beaucoup de mal à s'endormir et a des réveils nocturnes fréquents.

- Hugo ne cesse de penser à son avenir avec angoisse et appréhension. Il craint de ne pas trouver de métier qu'il aime, de ne pas faire suffisamment d'argent pour vivre de façon autonome et de ne pas rencontrer une femme qui veuille de lui.

- Josiane a toujours un petit mal de tête ou de ventre, frissonne constamment, est irritable et sursaute au moindre bruit. Elle pose sans cesse des questions qui reviennent encore et encore, même si on lui a plusieurs fois répété la réponse.

Petit récit de psy

Romy était en deuxième secondaire lorsqu'elle a entamé les consultations en thérapie. Aînée d'une fratrie de quatre, elle se disait constamment stressée et inquiète à propos de tout et de rien. Petite, elle écoutait la radio chez la gardienne pour s'assurer que l'on ne rapportait pas d'accident de la route qui aurait pu mettre en cause ses parents. Pendant son primaire, elle se souciait de ses résultats scolaires, même si ses notes étaient excellentes, était préoccupée par ce que les autres pensaient d'elle, même si elle était très populaire, supervisait étroitement ses frères et sœurs, même s'ils étaient responsables, et questionnait sans relâche ses parents au sujet de leurs finances, même s'ils ne manquaient de rien. À son entrée au secondaire, elle allait visiter l'infirmière quotidiennement afin qu'elle vérifie que ses ganglions n'étaient pas enflés et paniquait lorsque la pluie se mettait à tomber, puisqu'elle était fortement convaincue que les autobus scolaires roulaient sur des pneus beaucoup trop usés pour être sécuritaires.

Après quelques rencontres, alors que nous avions déterminé plusieurs conséquences néfastes que ces soucis excessifs avaient sur son bien-être et sur son fonctionnement, j'ai demandé à Romy : *Et si je pouvais te donner une pilule miracle, qui ferait disparaître toutes tes inquiétudes et tes préoccupations, la prendrais-tu ?* Je n'ai pas été très étonnée de l'entendre me répondre : *Non*. Pour Romy, le fait de penser aux pires éventualités qui pouvaient survenir était une forme de protection ; ses inquiétudes l'amenaient à déployer des efforts de prévention et de résolution de problème constants

...SUITE À LA PAGE SUIVANTE ⇨

qui, selon sa perspective, réduisaient les risques de catastrophes. À ses yeux, son anxiété était *utile*.

Il a fallu beaucoup de travail, de persévérance et de patience pour que Romy développe un bon niveau de tolérance à l'incertitude et qu'elle reconnaisse que ses propres craintes n'avaient très souvent aucun impact sur les événements. Elle est maintenant beaucoup moins anxieuse, en général, mais ses symptômes reviennent parfois, par périodes. Consciente dorénavant des stratégies à utiliser pour calmer son anxiété, elle est devenue tant fonctionnelle qu'émotivement équilibrée.

 **Remue-méninges**

L'enfant est-il préoccupé à tout propos? Pose-t-il beaucoup de questions répétitives? Cherche-t-il avec insistance à être rassuré? Parvient-il à être rassuré ou, au contraire, donne-t-il l'impression d'avoir besoin de toujours plus de réconfort? A-t-il des craintes qui ne sont normalement pas source de tourments pour des pairs de son âge? Ses peurs entraînent-elles une modification de son comportement?

Le trouble d'anxiété de séparation

Le trouble d'anxiété de séparation concerne la crainte d'être séparé des personnes auxquelles l'individu est attaché. Cette crainte trouve naissance dans l'idée qu'un malheur pourrait survenir et que, de ce fait, la séparation serait permanente et définitive.

- Depuis la petite enfance, Pascale éprouve des difficultés à s'endormir seule et insiste pour qu'un adulte reste dans la chambre avec elle, jusqu'à ce qu'elle s'assoupisse. Lorsqu'elle se réveille la nuit, elle trouve systématiquement refuge dans le lit de ses parents.

- Eve fonctionne très bien à la garderie, mais refuse de se faire garder par quiconque lorsque ses parents ont une soirée. Elle se met à pleurnicher dès qu'elle constate qu'ils se préparent à partir et entre littéralement en crise lorsqu'ils franchissent le seuil de la maison. Ses vomissements et ses poussées de fièvre soudaines ont d'ailleurs conduit les parents à écourter leur sortie à quelques reprises.

- Sébastien est constamment en train de chercher son père dans la maison et le suit dans chaque pièce. Il peut de plus paniquer s'il l'aperçoit dehors sans lui, ne serait-ce que pour sortir les poubelles ou déneiger l'entrée.

Remue-méninges

L'enfant a-t-il du mal à se séparer des personnes significatives? Réagit-il intensément sur le plan comportemental, en pleurant, faisant des crises, s'agrippant à l'adulte ou refusant de le quitter? A-t-il des réactions physiques comme des douleurs de toutes sortes, maux de tête, maux de ventre, poussées de fièvre, nausées ou vomissements? Cherche-t-il à entrer en contact avec les personnes significatives lorsqu'elles sont absentes, en leur téléphonant par exemple? S'empêche-t-il de prendre part à des activités qui exigent qu'il se sépare des personnes significatives, comme aller jouer dans une autre pièce, aller à une fête d'amis, dormir en dehors de la maison, etc.? Vit-il la séparation avec une grande détresse?

Le mutisme sélectif

Le mutisme sélectif est l'incapacité, pour l'enfant, à parler dans certaines situations sociales, alors qu'il parvient à le faire dans d'autres.

- Frédéric est un enfant enjoué et loquace à la maison, mais ne parle qu'en de très rares occasions dans son milieu scolaire et à l'enseignante seulement.
- Louis s'exprime en classe, avec ses pairs. Il refuse cependant d'adresser la parole ou de répondre aux questions de toute personne d'âge adulte autre que ses parents ou grands-parents.
- Carolane est une adolescente renfermée qui est incapable d'entrer en communication avec les étrangers ; elle ne peut commander seule au restaurant, répondre aux questions des conseillères en boutique de vêtements ou signifier au dentiste que ses manipulations lui font mal.

Petit récit de psy

Philippe était un petit bonhomme de huit ans très anxieux dans son milieu scolaire. Il refusait de parler aux adultes, même à son enseignante, ainsi qu'aux pairs de la classe, exception faite de deux amies. Il s'isolait aussi volontairement, n'entrait pas en contact avec les autres et faisait preuve de peu d'expressions faciales.

On m'avait sollicitée afin que je procède à l'évaluation de cet enfant, dont l'équipe-école remettait en question le contact avec la réalité. Était-il tellement dans son monde qu'il ne comprenait pas réellement ce qui se déroulait autour de lui ? Des comportements étranges, tels que gruger ses cols de chandail, s'arracher les petites gales sur la peau, tirer sur ses sourcils et faire des bulles avec sa salive, étaient aussi observés régulièrement.

...SUITE À LA PAGE SUIVANTE ⇨

Les parents soutenaient que, à la maison, il était au contraire très volubile. Les traits anxieux se traduisaient cependant par des réactions de panique lorsqu'il recevait de l'eau sur la tête (dans la douche, par exemple) ainsi que des inquiétudes exagérées concernant sa sécurité, la maladie ou la nouveauté. La proximité physique de l'adulte était nécessaire à tout moment et il dormait toujours avec ses parents.

Lors de ma première période d'observation en classe, l'enfant attendit passivement à son bureau que l'activité académique en cours prenne fin, alors que lui avait déjà effectué le travail. Il ne chercha pas à s'engager dans une nouvelle activité ni à interagir avec qui que ce soit pendant au moins une quinzaine de minutes. Il ne réagit pas non plus devant une situation loufoque qui provoqua le rire des autres enfants, et parut à la fois sous-réactif et désengagé du monde autour de lui.

À la récréation, il se plaça dans un endroit peu passant et resta debout, immobile comme un piquet. Les seuls mouvements perceptibles étaient ses doigts et son col de chandail, portés à sa bouche. Il n'observa pas les jeux des jeunes autour de lui et, lorsque les groupes de maternelle défilèrent pour monter dans l'autobus, il jeta quelques regards furtifs aux enfants.

Pour créer une première approche avec Philippe, au retour en classe, je pris mon iPad et entrepris de montrer des photos de mes chats à sa petite voisine de bureau; sa mère m'avait rapporté qu'il était lui-même très attaché à son matou et j'espérais ainsi susciter une réaction chez lui. Il s'intéressa aux images, mais demeura en retrait pendant de longues minutes, puis finit par me dire: *Mon chat s'appelle Rocket*. Je me retournai donc vers lui et demandai: *Ah oui? Et il est de quelle couleur, Rocket?*, mais cette approche fut trop directe et il se détourna rapidement, en baissant le regard.

Le lendemain, il fut amené par sa mère à mon bureau pour que je puisse évaluer son intelligence. Lorsque j'ouvris la porte, je vis dans ses yeux qu'il m'avait reconnue. Il accepta de me suivre sans grande hésitation, ce qui me surprit. Puis, une fois seul avec moi, il se mit à me parler tout bas, en chuchotant... et sembla ne plus vouloir s'arrêter ! Il fallut que je l'interrompe dans ses propos pour que nous puissions procéder aux épreuves cognitives, mais, même en plein examen, il raconta ce qui lui passait par la tête, comme si le fait d'avoir retenu ses paroles pendant si longtemps avait créé un urgent besoin de tout dire !

Philippe était un jeune très intelligent, présentant un bon contact avec la réalité, mais à la fois terriblement anxieux et opposant. Il fut dirigé vers une classe à effectifs réduits pour enfants atteints de troubles de santé mentale et put évoluer adroitement, grâce aux interventions des enseignants et éducateurs qui l'encadraient.

>  **Remue-méninges**
>
> L'enfant est-il capable de parler dans certaines situations, mais incapable en d'autres, en alternance ? Son mutisme est-il observable dans le contact avec certaines personnes seulement ? Se fait-il comprendre autrement que par la parole (par des gestes, des mimiques, des communications non verbales, le langage écrit) ? Son comportement a-t-il un impact considérable sur son fonctionnement ?

Le trouble de stress post-traumatique (TSPT)

Le trouble de stress post-traumatique découle d'un événement ayant causé la mort d'autrui ou des blessures graves, ou ayant tout au moins présenté un grand risque pour la vie ou l'intégrité physique. La personne traumatisée peut avoir été victime de l'événement, en avoir été le témoin direct (y avoir assisté) ou indirect (l'événement lui a été raconté).

- Jonathan est d'origine haïtienne et est arrivé au pays à la suite du séisme de 2010 qui a détruit son village. Depuis, ses cauchemars et reviviscences (*flashbacks*) ne l'ont jamais quitté.

- Rose est hypervigilante en toute circonstance et sursaute exagérément depuis qu'elle a entendu ses parents discuter d'un vol à main armée survenu au dépanneur de son oncle.

- Clémence est une jeune adolescente qui multiplie les comportements à risque (consommation d'alcool et de drogues, promiscuité sexuelle, école buissonnière) depuis qu'elle a été violée lors d'un party.

 **Remue-méninges**

L'enfant a-t-il été victime ou témoin direct ou indirect d'un événement pouvant entraîner un TSPT ? A-t-il changé radicalement ou brusquement dans ses attitudes ou comportements ? Son fonctionnement quotidien est-il altéré ?

Le trouble obsessionnel-compulsif (TOC)

Le trouble obsessionnel-compulsif comporte deux volets: l'obsession, qui est caractérisée par des pensées récurrentes qui s'imposent à l'esprit de l'individu et entraînent une détresse, et les compulsions, qui sont des actes répétitifs et inflexibles (dont la durée totale par jour est équivalente ou supérieure à soixante minutes) que l'individu applique selon un besoin urgent, afin de diminuer l'anxiété.

- Sophia a une hygiène dentaire impeccable. Elle brosse chaque dent dix fois et reprend depuis le début si sa séquence est interrompue. Ce processus est exécuté quatre fois par jour et il arrive souvent conséquemment que cela la mette en retard.

- Nathan se soumet à des rituels rigides et répétitifs lorsqu'il quitte la maison; sa mère lui dit: *Bonne journée, travaille fort et n'oublie pas de t'amuser*, puis il sort par la porte du garage, revient dans l'entrée crier: *Je t'aime, maman, bonne journée!* et s'en va de nouveau, descend les marches deux à deux en sautant le dernier palier et évite de se retourner. Le retour à la maison, la préparation des devoirs, la routine d'hygiène et celle du coucher sont tout autant réglementés et rien ne peut l'y faire déroger.

- Félix passe ses journées à dénombrer. Les briques sur le mur, les lignes sur le trottoir, les cavités du plafond suspendu, les lattes des stores verticaux, etc. Il est quasi impossible d'avoir une conversation soutenue avec lui, puisqu'il doit s'interrompre à tout moment afin de ne pas perdre son compte.

Remue-méninges

L'enfant a-t-il des pensées qui reviennent constamment et sur lesquelles il a l'impression de ne pas avoir le contrôle? A-t-il des comportements répétitifs qu'il exécute de façon rigide, sans variation? Est-il exagérément envahi par ses émotions s'il est dans l'impossibilité de se soumettre à ses rituels? Ces comportements nuisent-ils de façon significative à son fonctionnement?

À qui la faute ?
Déterminer les coupables

Les éléments qui occasionnent de l'anxiété varient d'une personne à l'autre. Chose certaine, plusieurs facteurs favorisent l'apparition, à tout le moins, d'un certain déséquilibre affectif chez les individus.

Trop souvent, l'accent est mis uniquement sur la personne qui vit l'anxiété : pourquoi réagit-elle de la sorte aux stimuli et comment peut-on l'aider à contrôler son anxiété ou ses symptômes ? Les aspects biologiques, environnementaux et systémiques sont généralement négligés. Pourtant, aurions-nous idée de miser seulement sur l'enseignement de techniques de gestion du stress à un enfant qui vit dans un pays en guerre où les bombardements sont quotidiens ? Ou à une femme dont le mari est agressif et violent ? Il importe donc de regarder le portrait global et d'intervenir non seulement directement auprès de l'enfant, mais également sur les autres aspects qui favorisent le développement ou le maintien de l'anxiété.

J'en ai hérité ! Les facteurs génétiques

Comme pour la majorité des troubles de la santé mentale, il n'existe pas de gène unique clairement désigné comme étant le « coupable » ou le responsable de l'anxiété. En revanche, plusieurs gènes paraissent contribuer à rendre un individu sensible à l'anxiété et c'est leur interaction qui fragiliserait certaines personnes. Il faudrait toutefois, pour qu'un individu soit aux prises avec des troubles anxieux, que des facteurs psychologiques de même que des éléments particuliers dans l'environnement soient présents. L'interaction de ces gènes se limiterait donc à prédisposer une personne aux troubles anxieux et non pas à la rendre systématiquement anxieuse.

La seule forme d'anxiété pour laquelle l'hérédité semblerait de plus en plus solidement mise en cause est l'attaque de panique. Certaines données attestent en effet que les contributions biologiques à la panique et à l'anxiété sont différentes, comme si ces deux troubles relevaient de gènes distincts. Même en regard de ce type particulier de manifestation anxieuse, la vulnérabilité

biologique ne pourrait être considérée comme une cause unique directe, et l'interaction entre les composantes environnementales et psychologiques entrerait tout autant en jeu que dans les autres troubles anxieux.

La recherche n'établit donc pas hors de tout doute un lien direct entre les troubles anxieux et la génétique. On sait cependant que les jumeaux identiques (monozygotes) ont une concordance de symptômes anxieux dans environ 85 % des cas, alors que la fratrie « ordinaire » (dizygote) affiche un maigre taux de concordance de 15 %. Dans le même sens, les enfants élevés dans une famille où l'un des parents (ou les deux) est anxieux courent cinq fois plus de risques de présenter de tels symptômes que les enfants provenant de familles zen.

Remue-méninges

Cet enfant est-il exposé à des parents anxieux ? Qu'en est-il des autres membres de sa famille ou des personnes évoluant dans son environnement ?

Ça se passe dans mon corps. Les aspects biologiques

Dormir pour dédramatiser : le sommeil

Il existe un lien scientifiquement établi entre la privation de sommeil et l'hyperréactivité émotionnelle. Cette relation est évidente pour tout individu ayant déjà passé une nuit blanche. Elle l'est également pour les parents d'enfants en bas âge, qui peuvent aisément témoigner des réactions disproportionnées de pleurs, d'opposition ou de crises qui se manifestent lorsque la fatigue se fait sentir chez leur petit. Bien que moins facile à observer chez les plus âgés, cette corrélation existe aussi et accroît les symptômes anxieux en augmentant de manière significative l'activité d'anticipation dans le cerveau. De ce fait, les scénarios catastrophe sont amplifiés et vécus avec une plus grande réactivité émotive. Sans compter que le manque de sommeil diminue parallèlement la capacité à porter un jugement critique et, par conséquent, à recadrer ses propres pensées et à se raisonner soi-même. Un sommeil de bonne qualité, d'une durée adéquate, est donc essentiel.

La National Sleep Foundation émet les recommandations suivantes concernant la quantité d'heures de sommeil nécessaires selon les âges.

Âge	3-5 ans	6-13 ans	14-17 ans	18-25 ans	26-64 ans
Heures de sommeil recommandées	De 11 à 14 heures	De 10 à 13 heures	De 9 à 11 heures	De 8 à 10 heures	De 7 à 9 heures
Heures de sommeil possiblement appropriées dans certains cas	De 8 à 9 heures	De 7 à 8 heures	7 heures	6 heures	6 heures
	14 heures	12 heures	11 heures	De 10 à 11 heures	10 heures

Remue-méninges

L'enfant dort-il suffisamment ? Son sommeil est-il de qualité ? Ses manifestations anxieuses sont-elles plus présentes lorsqu'il paraît fatigué ?

Manger pour déstresser : l'alimentation

Certains aliments, c'est bien connu, entraînent une activation physique comparable à des symptômes anxieux. C'est le cas notamment de la caféine et du sucre, qui sont des stimulants pour le cerveau et l'organisme. En haussant le rythme métabolique, ils occasionnent des réactions (rythme cardiaque accéléré, augmentation de la température du corps et de la sudation, tremblements musculaires) s'apparentant à celles vécues dans des situations stressantes, qui peuvent être interprétées par l'individu comme étant d'origine psychologique.

Bien entendu, rares sont les enfants qui entament leur journée avec un grand cappuccino. Mais qu'en est-il des céréales sucrées et des tartinades de caramel ou de chocolat? De même, les ados sont souvent attirés par les sodas ou boissons dites «énergisantes», qui contiennent une très grande quantité de caféine et de sucre, mélange possiblement explosif pour de jeunes anxieux.

Petit récit de psy

Jacob a toujours eu, à son avis, un tempérament nerveux, mais l'anxiété paralysante qu'il vivait lorsque je l'ai vu pour la première fois n'était présente que depuis quelques semaines. Il étudiait au cégep en sciences de la nature et tentait, dans la mesure du possible, de passer inaperçu au sein du groupe d'étudiants. L'un des événements très difficiles à gérer pour lui fut lorsqu'il se présenta à l'avant de la classe pour faire une présentation orale dans un cours et paralysa, littéralement, au point où le professeur lui suggéra de retourner s'asseoir.

En revenant sur l'incident et en faisant l'autopsie des signes et sensations survenus dans l'heure qui avait précédé le moment fatidique, Jacob révéla s'être senti extrêmement fébrile et avoir perçu un tremblement dans tout son corps. Il avoua aussi candidement avoir bu deux grosses canettes (soit près de 970 millilitres) de boisson énergisante pendant son heure de lunch, parce qu'il était fatigué et craignait de manquer de vivacité dans sa présentation.

> Les tremblements qu'il avait initialement ressentis pouvaient avoir été liés à son anxiété, mais pouvaient tout aussi bien résulter d'une surdose de caféine. Le jeune avait cependant interprété ces symptômes comme des indicateurs de nervosité, ce qui avait augmenté son anxiété et conduit à ce qu'il appelait *l'humiliation suprême*.
>
> Évidemment, parmi toutes les stratégies mises en place pour aider Jacob à surmonter son anxiété, l'évitement de la caféine occupa une place de choix. À partir de ce moment, il opta pour de l'eau froide au visage lorsqu'il voulait se tenir éveillé...

Les carences alimentaires ont aussi un lien avec différents troubles de l'humeur. À titre d'exemple, un manque de vitamine B6 a une incidence marquée sur la dépression, alors qu'un manque d'acides aminés peut favoriser des réactions de panique.

Parallèlement, certains aliments « antistress » semblent avoir une notoriété grandissante, mais leurs effets précis sur le niveau d'anxiété ressentie sont encore à démontrer. Le chocolat noir (oh que oui !), le saumon, les noix, les myrtilles, les flocons d'avoine, le lait et plusieurs fruits et légumes, pour ne nommer que ceux-ci, auraient des effets positifs, soit en diminuant le taux de cortisol (hormone du stress) dans le sang, soit en renforçant le système immunitaire ou en augmentant la production de sérotonine (l'hormone du bien-être).

Essentiellement, sans se lancer dans un régime très contraignant ou examiner à la loupe tout ce qui est ingéré par l'enfant, il convient de retenir qu'une saine alimentation est primordiale pour conserver un bon équilibre de vie, tant physique que psychologique.

 **Remue-méninges**

Cet enfant consomme-t-il une grande quantité de sucre ? De caféine ? A-t-il une alimentation équilibrée ?

Bouger pour se calmer : l'exercice

Les avantages de la pratique de l'activité physique sont reconnus, dans la documentation scientifique, tant sur le plan physiologique que du point de vue psychologique. Des études démontrent qu'elle est associée à une importante réduction des états dépressifs et anxieux, dans la population générale comme chez des individus ayant reçu des diagnostics formels. Elle est d'ailleurs en voie d'être considérée comme une intervention thérapeutique possédant un réel potentiel curatif, au même titre que les diverses approches psychothérapeutiques et pharmacologiques.

L'exercice physique engendre des répercussions sur le plan physiologique, en augmentant la sécrétion naturelle des hormones du bonheur (sérotonine, dopamine et endorphine) et en diminuant la sécrétion du cortisol (hormone du stress).

Sur le plan psychologique, le plaisir et la satisfaction ressentis lors de l'activité sont source de bénéfices non négligeables. Une balade dans le bois procure par exemple une sensation d'air frais qui entre dans les poumons, des odeurs et des couleurs magnifiques, un contact avec la nature, etc. Évidemment, ces bénéfices ne seront retirés que si l'activité est, pour l'individu, plaisante. Traîner fiston en raquettes tandis qu'il grelotte tout au long du trajet ou convaincre fillette de pagayer dans les torrents alors qu'elle craint l'eau risque peu de générer un état d'apaisement psychologique (si ce n'est par épuisement...).

De plus, l'impression d'être en pleine possession de ses moyens est très souvent rehaussée par la pratique de l'exercice physique. Le sentiment de contrôle ou celui d'avoir un corps fort et agile sont synonymes de bénéfices sur le plan de l'estime personnelle. Un bémol à noter, cependant; le sport suscite une plus grande propension à s'évaluer en se comparant aux autres, ce qui peut au contraire miner la confiance en soi, particulièrement si l'enfant est plutôt gauche ou physiquement désavantagé dans le cadre d'une activité précise.

Petit récit de psy

Maéva était une jeune fille de treize ans venue consulter pour des traits d'anxiété sociale. Elle qui auparavant était chaleureuse et avenante avec son entourage avait maintenant une attitude renfermée et s'isolait de plus en plus, au dire de ses parents.

Plusieurs événements s'étaient produits dans le cours des derniers mois et comportaient des défis d'adaptation. Le déménagement de la famille, la fréquentation d'une nouvelle école secondaire et le départ en appartement de sa sœur aînée étaient au nombre de ceux-ci, mais, plus important encore, Maéva avait connu une forte poussée de croissance.

Elle pratiquait le *cheerleading* de compétition depuis l'âge de sept ans et avait toujours évolué au sein de la même équipe. À travers les changements qui survenaient dans sa vie, ce groupe de pairs représentait pour elle une stabilité réconfortante. Très valorisée par les entraîneurs et par les autres membres, Maéva occupait la position de voltige et, grâce à son poids plume et à sa petite taille, réussissait toujours à accomplir des acrobaties qui impressionnaient les juges et plaçaient son équipe en bonne position lors des compétitions.

En l'espace de trois mois à peine, la jeune avait cependant gagné dix centimètres et pris près d'une dizaine de kilos, ce qui nécessitait des ajustements importants au sein du groupe qui la portait. Ce rythme de croissance effréné avait également eu des répercussions majeures sur sa coordination et sur la maîtrise de ses mouvements, si bien qu'elle fut invitée à occuper une nouvelle position au sol après quelques semaines d'entraînement. Alors qu'antérieurement cette activité était pour elle source de plaisir et d'accomplissement, elle vivait maintenant avec un sentiment d'échec constant. Par surcroît, ses coéquipiers entretenaient envers elle une rancœur injustifiée, puisque leur étoile n'était plus de taille… Elle portait sur ses épaules le fardeau des échecs vécus par l'équipe et avait honte de sa taille, de son poids, d'elle-même.

Parmi les interventions choisies pour traiter son anxiété, l'acceptation de son corps et de ses changements physiques a été visée. Maéva a terminé son année au sein de l'équipe, puis a choisi par la suite d'explorer une nouvelle activité qui lui procurait un sentiment de compétence plus élevé. Il faut dire que sa poussée de croissance ne s'est pas arrêtée de sitôt et elle a rejoint la taille respectable de un mètre quatre-vingts, ce qui fait maintenant d'elle une redoutable adversaire de volleyball !

L'activité physique agit également à titre de déclencheur de contacts sociaux; les jeunes se rassemblent pour pratiquer ensemble une activité qui les intéresse, s'impliquent dans une collectivité et apprennent à gérer leurs relations interpersonnelles. Ces groupes formels ou informels brisent l'isolement des moins populaires et créent des rencontres qui autrement n'auraient jamais eu lieu. Par surcroît, le sport meuble leur horaire; chaque minute passée à jouer au hockey dans la rue est une minute de moins où ils seront collés sur l'écran ou reclus dans le sous-sol à préparer le prochain mauvais coup. ;-)

Remue-méninges

Cet enfant fait-il suffisamment d'exercice? A-t-il, au quotidien, des occasions fréquentes de bouger? Prend-il part à des activités physiques pour lesquelles il ressent de l'intérêt et de la motivation?

Se reposer pour relaxer : ralentir le rythme

Nul doute que bien dormir est essentiel, nous en avons déjà discuté. Mais se reposer ne se limite pas aux heures passées dans les bras de Morphée. Trouver des moments de repos et de calme pour faire une pause et recharger ses batteries est également indispensable, dans le cours de la journée.

Nos rythmes de vie frénétiques laissent bien souvent peu de place au ralentissement et encore moins aux temps d'arrêt. Les enfants sont entraînés malgré eux dans ce tourbillon incessant et en subissent parfois les contrecoups.

Petit récit de psy

Justine est une jeune cinéaste en devenir, actuellement étudiante au cégep. Dans le cadre de l'un de ses cours, elle s'est rendue dans une école primaire, afin de capturer avec sa caméra tout le déroulement d'une journée en classe d'un groupe choisi, comme si elle tournait une émission de téléréalité. En visionnant le fruit de son travail, elle s'est amusée à compter le nombre de fois où les enfants avaient reçu comme instruction de se dépêcher. Que ce soit au moment d'entrer dans la classe, d'aller ranger ses effets au bon endroit, de se mettre en rang, d'enfiler son manteau, de terminer sa collation, de rejoindre le groupe, de revenir des toilettes ou pour une multitude d'autres raisons, les consignes collectives (*dépêchez-vous!*) ou individuelles (*fais vite!*) suggérant d'accélérer le rythme avaient été entendues, en une seule journée... cent quarante-trois fois! Pour une journée d'école d'une durée de neuf heures, incluant le temps passé au service de garde, cela représente une moyenne de tout près de seize fois par heure! De quoi rendre anxieux le plus zen des enfants...

Prévoir des moments de pause pour relaxer est donc essentiel. Il ne suffit pas d'une récréation, d'une pause dîner ou d'un trajet en voiture où l'on est assis un bon moment pour que l'enfant soit reposé. Le repos éveillé implique d'atteindre un certain calme qu'une partie de minihockey ou de ballon-chasseur dans la cour d'école, un repas pris coincé entre deux amis agités ou une bataille entre frères sur le siège arrière d'une voiture ne procurent pas. Sans non plus faire la sieste tous les après-midi ou se plonger dans un bain moussant jusqu'à en être tout ratatiné, des occasions de traîner un peu, de prendre son temps, de rester sans rien faire ou de s'occuper paisiblement sans trop penser devraient ponctuer le quotidien de l'enfant.

Paradoxalement, bien qu'un agenda très chargé, le manque de temps pour se reposer, le fait d'être constamment à la course entre deux activités et occupé à tout instant de la journée puissent entraîner un sentiment d'épuisement chez certains et augmenter leur stress, d'autres jeunes seront au contraire apaisés par ce style de vie qui laisse peu de place à la naissance de réflexions et de scénarios catastrophe.

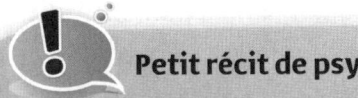 **Petit récit de psy**

Lors de ma première année à l'université en psychologie, je suivis un cours de psychopathologie (l'étude des maladies mentales et de leurs causes). Notre professeur, un homme de forte prestance et de renommée importante, amorça sa première classe par cette affirmation:

> La maladie mentale trouve son origine dans une multitude de facteurs. Cependant, deux conditions dans la vie d'un individu entraînent, de façon presque inévitable, des atteintes sur le plan psychologique. Ce sont le surcroît de stress et l'absence de stress.

En travaillant plus tard auprès de diverses populations, je compris l'incidence que pouvait avoir un manque de stress dans la vie d'une personne sur son bien-être psychologique. Il n'est en effet pas rare de voir des personnes pour qui le quotidien est relativement peu occupé se soucier de détails, négligeables aux yeux de plusieurs, de façon exagérée.

J'expérimente en fait moi-même, jusqu'à un certain point, ce phénomène: lorsque je reçois des invités, je suis beaucoup plus anxieuse si, dans les jours précédents, j'ai le temps de réfléchir à mon menu et à ma décoration de façon plus élaborée. À l'inverse, si je dois préparer en vitesse ma réception parce que mon travail ou mes enfants ne me laissent d'autre choix, je suis beaucoup plus portée à mettre de côté des détails insignifiants, en me concentrant sur le plaisir que j'aurai à être entourée de gens que j'aime...

Encore une fois, il devient hasardeux de dicter une ligne de conduite en partant de généralités (d'autant plus qu'elles peuvent aller dans un sens ou dans l'autre!), mais l'idée à retenir est qu'il est parfois nécessaire de réaménager l'horaire pour tenir compte des besoins particuliers du jeune anxieux.

 **Remue-méninges**

Cet enfant a-t-il des occasions de se reposer dans la journée ? Peut-il avancer lentement, prendre son temps, flâner ? Exige-t-on continuellement de lui qu'il fonctionne sur un mode accéléré ? Son horaire est-il trop chargé ?

Se retirer pour s'apaiser : l'environnement sensoriel

Le bruit des autobus, les cris des enfants, le sifflet qui marque le début de la partie, les instructions dispensées à voix élevée, les pattes de chaises qui frottent sur le plancher, les lumières éblouissantes, les couleurs vives à chaque coup d'œil, les odeurs de bottes mouillées, les accrochages involontaires, les espaces restreints, la proximité physique, la température trop basse ou trop élevée, les surfaces rugueuses, granuleuses, collantes, et la totale absence de silence...

Les enfants sont soumis dans le cadre de leur journée à des stimuli incessants qui peuvent, de façon insidieuse, les placer en état de «surcharge». Le processus complexe qui permet d'organiser et de contrôler la réponse de l'individu aux différentes sollicitations sensorielles provenant de l'environnement est alors hautement mis à l'épreuve. Par conséquent, une hypersensibilité émotive, une grande fatigue, de la maladresse, des traits d'anxiété, etc., découlent potentiellement d'un milieu trop stimulant.

S'il s'avère difficile, voire impossible, de réduire les stimuli visuels, auditifs, olfactifs ou tactiles dans plusieurs contextes, certains outils sont néanmoins efficaces. C'est le cas notamment des coquilles antibruit ou des bouchons d'oreilles, des isoloirs pour faire les travaux scolaires, des coins «zen» parfois aménagés en classe pour offrir un lieu de répit, des gradateurs de lumière, des balles de tennis aux pattes de chaises, des rafraîchisseurs d'air, etc. Des stratégies, telles qu'envoyer les enfants au vestiaire par sous-groupes plutôt que tous en même temps, donner le bain aux petits à tour de rôle au lieu de les corder dans la baignoire, laisser un bras de distance entre chaque ami dans le rang ou placer un parent entre les enfants à table, sont également susceptibles de contribuer à diminuer la quantité et l'intensité des stimuli. Et, bien sûr, le fait de réduire la luminosité une fois les devoirs terminés, de diminuer les bruits en fermant la télé, en retardant la mise en marche des électroménagers (lave-vaisselle, laveuse) ou en hypnotisant le chien ;-) et de créer une ambiance feutrée peut aider.

>  **Remue-méninges**
>
> Cet enfant est-il exposé à des stimuli constants ou agressants ? Fait-il preuve d'une sensibilité particulière à certains stimuli auditifs, visuels, tactiles ou olfactifs ?

On me l'a montré ! L'apprentissage de l'anxiété

L'apprentissage de l'anxiété par l'expérience directe

L'anxiété peut naître, chez un individu, parce qu'il fait l'expérience directe d'une situation où le danger est présent et qu'il a peur. Cet événement étant inscrit dans ses souvenirs, l'anticipation d'une situation semblable peut provoquer une montée d'anxiété.

Stratégies et techniques pour gérer l'anxiété

 **Petit récit de psy**

Élisabeth était une enfant au tempérament nerveux depuis sa naissance, mais jamais elle n'avait montré de réactions démesurément craintives ou de peur phobique. Cela a changé le jour où, en visite chez son cousin, elle a accepté de tenir la minuscule gerboise que le petit avait sortie de sa cage. Assise en tailleur, avec son large chandail et ses jambes camouflées sous sa jupe, elle a candidement tendu les mains pour recevoir le rongeur. Peut-être était-il lui-même très nerveux, ou peut-être a-t-elle exercé une pression trop forte sur son corps, nous ne le saurons jamais… Mais le fait est que, à peine déposé dans la paume d'Élisabeth, l'animal a planté ses petites dents dans sa chair, suscitant un cri de surprise et de douleur. Il a été spontanément propulsé dans les airs et a atterri sur les jambes croisées, avant de trouver rapidement refuge sous la jupe. En cherchant à relever son vêtement pour en déprendre l'animal, la petite a créé suffisamment d'espace pour que le rongeur se faufile ensuite sous son chandail, utilisant ses fines griffes affilées pour s'agripper à sa peau. Comble de malheur, Élisabeth s'est rapidement levée pour le faire tomber, mais, dans l'affolement, a accidentellement piétiné la bête !

La mauvaise expérience de l'enfant a été marquante pour elle et a suscité des réactions anxieuses qui ont duré plusieurs mois. Élisabeth vérifiait minutieusement les fonds de garde-robe et les dessous de lit avec sa lampe de poche plusieurs fois par jour puis craignait de dormir seule, de peur qu'un rongeur n'ait échappé à son inspection et ne pénètre dans sa chambre. Le moindre craquement était interprété comme le signe de la présence d'une petite bête et l'enfant se mettait alors à paniquer et à pleurer. Les réveils nocturnes, occasionnés souvent par des cauchemars, entraînaient une humeur maussade, en plus de la rendre plus vulnérable à son

…SUITE À LA PAGE SUIVANTE ⇨

anxiété. C'est lorsque l'enseignante a téléphoné à la maison pour signaler que l'élève refusait dorénavant de s'amuser dans la partie de la cour d'école parsemée d'arbres, craignant la présence de rongeurs, mais également d'écureuils, que les parents se sont dirigés vers des services professionnels.

Remue-méninges

Cet enfant a-t-il vécu des expériences désagréables, menaçantes ou effrayantes qui pourraient l'avoir marqué et avoir provoqué son anxiété?

L'apprentissage de l'anxiété par conditionnement

Le conditionnement réfère à l'association qui se crée entre un stimulus neutre et une réponse qu'il n'aurait pas induite naturellement. Qui n'a pas déjà entendu parler du fameux chien de Pavlov, lequel réagissait en salivant lorsque retentissait une clochette? Le toutou avait été «programmé» pour réagir de la sorte, sans effort volontaire de sa part, par la répétition continue du son de clochette précédant la présentation de son bol de nourriture.

L'anxiété peut, de la même façon, devenir une réponse conditionnée, lorsque l'occurrence de deux stimuli, l'un neutre et l'autre menaçant, désagréable ou dangereux, devient répétitive.

Petit récit de psy

Simon, dix ans, fut amené en consultation par ses parents, parce qu'on lui avait prescrit un médicament pour le trouble du déficit de l'attention et qu'il refusait avec vigueur de le prendre. À bout de ressources, sa mère expliqua avoir essayé de le raisonner, dans un premier temps, puis avoir tenté les promesses de récompenses, mais elle s'était vite rendu compte que son refus ne tenait pas à un simple caprice. En fait, l'enfant s'opposait même à porter le cachet à sa bouche et montrait des signes évidents de désarroi; il pouvait pleurer, crier, lutter physiquement si l'on tentait de l'approcher ou fuir et se cacher dans la maison.

À la suite de questionnements sur les expériences antérieures du petit concernant la médication, il fut révélé que Simon, alors âgé de six ou sept ans, s'était vu prescrire de la pénicilline en comprimés (allez savoir pourquoi il ne l'avait pas reçue sous forme liquide!), qu'il parvenait très difficilement à avaler. La pilule restait souvent trop longtemps dans sa bouche et fondait, en partie. Le goût amer du médicament avait pour effet de lui lever le cœur et avait entraîné des vomissements à plusieurs reprises, de sorte que le traitement, initialement prévu pour dix jours, s'était poursuivi pendant une semaine supplémentaire. Simon avait, à ce moment et à l'insu de ses parents, été conditionné à avoir des réactions de haut-le-cœur lorsqu'il s'imaginait avaler un comprimé. Son refus dissimulait donc une crainte de ressentir à nouveau ce malaise. Des interventions structurées visant à *déprogrammer* le lien établi entre le médicament et les réflexes désagréables furent nécessaires pour qu'il parvienne de nouveau à absorber des médicaments en cachets.

>  **Remue-méninges**
>
> L'enfant réagit-il avec anxiété à des objets ou à des événements qui, en apparence, ne devraient pas provoquer une telle réaction ? A-t-il vécu des expériences antérieures qui auraient pu le conditionner ?

L'apprentissage de l'anxiété par imitation

L'observation des autres et l'imitation spontanée sont au cœur d'une grande proportion d'apprentissages. Vous souvenez-vous, par exemple, que l'on vous ait enseigné à tourner une poignée de porte ? Qu'on vous ait appris à utiliser un tournevis ? Qu'on vous ait renseigné sur la signification d'un pouce en l'air ? Qu'on vous ait explicitement avisé de lever les yeux au ciel pour signifier votre découragement ? Vous avez probablement appris ces comportements par observation, sans en être réellement conscient.

Plusieurs facettes de notre façon d'être et d'agir en tant qu'individus et en société sont acquises par l'observation des gens qui nous entourent. Certaines études soutiennent qu'environ le quart des individus présentant une anxiété sociale ont acquis leur peur par l'observation d'une personne de leur entourage qui manifestait de l'anxiété en présence des autres.

Il est vrai que l'être humain a un sixième sens en ce qui concerne la capacité à détecter la peur chez les autres. Ce flair découle en réalité d'une stratégie innée de survie; si quelqu'un émet soudain des signaux de peur, les autres ont vraisemblablement tout intérêt à comprendre au plus vite qu'une menace plane afin de réagir aussitôt. Cela étant, l'anxiété se transmet facilement par imitation.

Petit récit de psy

Mon conjoint et moi sommes allés patiner ensemble pour une première fois alors que nous étions de jeunes étudiants à peine sortis du nid familial. De retour à mon appartement, je pris soin d'essuyer mes patins et les plaçai à l'envers, lames vers le haut. Mon conjoint me demanda pourquoi je les rangeais ainsi et je restai quelques minutes sans mots, avant d'affirmer : *Parce que ça abîme les lames, autrement*. Il éclata de rire et me demanda où j'avais déniché cette idée. Force était de constater que je répétais un comportement observé dans mon milieu familial, sans cependant en comprendre le motif.

...SUITE À LA PAGE SUIVANTE ⇨

Lors ma visite suivante, je questionnai donc mes parents pour découvrir pourquoi il était préférable de ranger les patins en plaçant les lames vers le haut. *C'est mieux pour les lames*, répondit mon père, du tac au tac. Je fus cette fois amusée d'apprendre qu'il ne savait pas plus que moi les raisons qui commandaient une telle disposition, mais, puisque ses parents avaient toujours fait de la sorte, il avait lui-même répété le comportement. Devant mon insistance, il promit de me revenir avec une explication, après avoir discuté avec mes grands-parents.

Il s'avéra que, dans la maison familiale de mon père, les patins étaient rangés dans le garage attenant à la maison, sur une longue tablette de métal destinée à cette fin. Placée relativement haut, celle-ci était difficile à atteindre pour ma grand-mère, de petite taille. Elle avait pris l'habitude de ranger les patins lames vers le haut, de façon à ne pas se blesser avec la lame lorsqu'elle tendait la main et que, à bout de bras, elle parvenait à saisir la base du patin.

Cet exemple illustre bien l'apprentissage par imitation. Dans ce cas-ci, les conséquences fâcheuses de notre propension à ranger les patins vers le haut étaient… inexistantes. Mais voyez comment, dans le cas de ma jeune cliente Audrey, il en était autrement.

 **Petit récit de psy**

Audrey est enfant unique de parents séparés. Elle habite en garde partagée chez sa mère et son père depuis l'âge de six ans. Dès les premières semaines suivant la rupture du couple, le changement de garde a été source de stress pour cette enfant, actuellement âgée de onze ans. Lorsque venait le temps de préparer ses bagages pour partir chez papa, Audrey voyait sa mère ratisser compulsivement la maison à la recherche d'effets qui auraient pu être égarés et qui devaient se retrouver dans le sac de la petite pour la semaine, comme si sa survie en dépendait. Il est vrai de dire que la doudou restée sur le divan a à quelques reprises occasionné des allers-retours, mais le temps où elle était nécessaire à l'endormissement d'Audrey était révolu depuis un bon moment. L'inventaire du sac d'école était aussi méticuleusement réalisé, de même que la vérification de la carte d'assurance maladie, bien placée où il se doit. Les consignes d'usage étaient répétées avec excès et la séparation, outrageusement réglementée (*Je t'appelle mercredi soir, à 18 h. J'attends ton appel jeudi, à 17 h 30. Nous dînons ensemble vendredi midi, je serai au service de garde à 11 h 50. Etc.*). Sans que sa mère eût nommé clairement ses peurs quant à la séparation, ses comportements indiquaient à Audrey que le fait de quitter sa maison présentait une menace, un danger potentiel. La fillette sentait d'ailleurs l'anxiété s'emparer d'elle dans les heures précédant son déplacement et elle demeurait tendue toute la semaine, chez papa.

Lorsqu'elle fut amenée par la mère en consultation, l'objectif était de diminuer son anxiété envers son père. Normal; comme elle n'était anxieuse que lorsque chez lui, tous en avaient déduit que leur relation devait être à l'origine de sa tension. C'est Audrey elle-même qui m'a alors mise sur la piste de l'origine de son anxiété, en m'expliquant à quel point l'atmosphère était détendue chez son père, en comparaison de celle vécue chez sa mère, et comment se vivaient les transitions. Puisque

...SUITE À LA PAGE SUIVANTE ⇨

le père avait une attitude tout à fait décontractée lorsque venait le temps de reconduire sa fille chez sa mère, Audrey avait enregistré qu'il n'y avait aucun risque à « abandonner » papa pour la semaine. Par imitation, elle devenait cependant terriblement nerveuse lorsqu'elle quittait sa mère.

Le travail thérapeutique a donc commandé que la mère participe intimement au processus, pour parvenir à contrôler elle-même son anxiété. Réticente au départ, elle a bien entendu collaboré au meilleur de ses capacités lorsqu'elle a compris qu'elle était en train de transmettre ses craintes et ses malaises à sa fille et qu'elle pouvait, à l'inverse, devenir un modèle de confiance et de sécurité.

Remue-méninges

Quels sont les comportements anxieux dont cet enfant pourrait être témoin ? Les adultes de son entourage auraient-ils intérêt à travailler sur certaines de leurs attitudes ou de leurs comportements ? Sont-ils involontairement en train de contaminer cet enfant avec leur propre anxiété ?

L'apprentissage de l'anxiété par transfert de connaissances

L'apprentissage de l'anxiété se fait parfois de façon très explicite, par enseignement. Certaines situations sont volontairement dépeintes comme étant menaçantes, pouvant provoquer un tort réel, et donc à éviter. Par exemple, il est tout à fait normal d'inciter son petit à craindre le feu. Des propos du type *ne t'approche pas des flammes, c'est très dangereux, tu pourrais te brûler et avoir très mal* visent, en partie, à soulever suffisamment de craintes pour que l'enfant ressente une anxiété inhibitrice. De « fausses » sources d'anxiété peuvent aussi, cependant, être transmises par transfert de connaissances.

Petit récit de psy

Jules a appris à nager à l'âge de trente ans seulement, parce qu'on lui avait, dès son plus jeune âge, enseigné à craindre l'eau. Sa mère avait une peur démesurée de la noyade et répétait donc à ses enfants que l'eau était dangereuse et qu'ils ne devaient, en aucun cas, s'approcher d'un plan d'eau. Très théâtrale d'ailleurs dans sa façon d'être, elle pouvait crier d'angoisse en battant l'air avec les mains si les petits avaient le malheur de marcher autour d'une piscine ou sur un quai. Même s'il n'avait jamais lui-même directement vécu d'expérience négative avec l'eau, cet enseignement avait fait son bout de chemin dans son esprit et il se sentait exagérément anxieux lorsqu'il se retrouvait à proximité d'un bassin, d'un lac ou même d'un simple ruisseau. Il lui a été très difficile de vaincre ses craintes, bien

...SUITE À LA PAGE SUIVANTE ⇨

installées depuis plusieurs années, pour finalement prendre part à des cours de natation. J'ai eu la chance, pour ma part, de rencontrer Jules et de connaître son histoire lors d'une expédition de plongée où il me servait de guide. ☺

 **Remue-méninges**

Est-ce que cet enfant reçoit des mises en garde excessives concernant un objet ou une situation, présentant une réelle menace ou non ? Les peurs des personnes qui l'entourent ont-elles un effet contaminant ?

J'suis fait comme ça ! La personnalité

L'anxiété peut être due à la personnalité même de l'individu. Une tendance à être négatif et pessimiste dans sa façon d'appréhender le monde et de percevoir les événements prédispose à vivre des symptômes anxieux. Un manque de confiance en soi est aussi un trait directement lié à l'anxiété.

 **Petit récit de psy**

Le négativisme est un trait qui caractérisait certainement Mahée lorsqu'elle fut amenée en consultation par ses parents. De toutes les situations, elle retenait toujours les éléments défavorables et envisageait aussi systématiquement le pire de ce qui pourrait arriver. Cette vision du monde générait pour elle beaucoup d'anxiété, puisqu'elle appréhendait constamment le cataclysme imminent. Ainsi, plutôt que de se concentrer sur le plaisir qu'elle avait eu à aller cueillir des pommes, elle se souvenait de l'abeille qui l'avait narguée pendant quelques minutes. Au lieu d'apprécier le cornet de crème glacée qu'elle dégustait, elle était absorbée par la petite qui toussotait derrière elle. Et pourquoi présumer que la fête d'amis serait amusante, quand il lui était possible de penser qu'elle allait s'ennuyer à mourir de ses parents ?

Le travail thérapeutique avec Mahée consistait non seulement à confronter ses croyances, mais également à susciter chez elle un réflexe d'optimisme. En apprenant à se questionner sur sa vision des choses, la petite a développé une capacité à rapidement recadrer ses pensées, de manière à porter son attention sur les éléments agréables de son vécu ou à anticiper les événements avec plus de légèreté.

 **Remue-méninges**

L'enfant a-t-il tendance à envisager ou à voir le pire des situations ? Est-il négatif dans l'interprétation qu'il fait des événements ? Manque-t-il de confiance en ses propres moyens ? Se sent-il incompétent dans une ou plusieurs sphères de sa vie ?

C'est la faute des autres !
Les relations interpersonnelles

Les causes de l'anxiété peuvent être d'ordre relationnel, c'est-à-dire qu'elles se situent dans les interactions entre l'enfant et les personnes de son entourage, ou sont exacerbées par elles.

On est en chicane ! Les conflits récurrents

L'atmosphère crispée, les regards empreints d'agressivité, les brusqueries verbales (dans les paroles ou simplement le ton), les gestes menaçants, l'intimidation, etc., peuvent créer chez les individus qui les vivent ou qui en sont témoins une tension interne qui favorise ou augmente l'anxiété. Les disputes ouvertes sont bien entendu source de stress, mais les « accrochages » fréquents, parfois anodins en apparence, peuvent également laisser leurs traces.

 **Petit récit de psy**

Florence était une enfant de cinquième année au tempérament colérique et impulsif, selon ses parents, qui étaient assis devant moi afin d'obtenir des stratégies pour que les petits matins aient lieu dans l'harmonie. Jour après jour, le départ pour l'école se déroulait dans le chaos et les esprits s'échauffaient, si bien que la relation entre la jeune et ses parents en était sérieusement compromise. Incapables de déterminer les déclencheurs des accès d'humeur de leur fille, ces derniers attendaient de moi que je fournisse un mode d'emploi facilement applicable pour que Florence conserve le sourire jusqu'à ce que l'autobus scolaire se présente.

Puisque cette famille habitait tout près de mon bureau, j'ai proposé aux parents d'aller observer le déroulement d'un matin typique, en me faisant toute petite dans le coin de la cuisine. On réveilla comme d'habitude Florence à 7 h 30, alors que l'heure du départ était sonnée à 8 h 05, ce qui à mon avis constituait un laps de temps bien court pour une enfant qui parvenait difficilement, de toute évidence, à tenir la cadence en sortant du lit. À peine arrivée à la cuisine, la petite fut incitée à choisir son déjeuner et à l'avaler sans délai; on leva les yeux au ciel dès qu'elle fit une pause pour discuter, puisque le temps était compté. L'index tapotant la montre imaginaire sur le dessus du poignet, pour rappeler les minutes qui s'écoulaient, fut utilisé plusieurs fois pour l'inciter à accélérer. Il en fut de même pour les bruyants soupirs visant à faire réagir Florence, qui fixa pendant de trop longues secondes l'intérieur du réfrigérateur, à la recherche de compléments à ajouter à son lunch

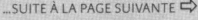
...SUITE À LA PAGE SUIVANTE ⇨

préparé à la hâte par un papa stressé. Les rappels verbaux (*vite, tu vas manquer ton autobus*), les gestes d'énervement (comme les marches montées quatre à quatre par maman en quête de la brosse à cheveux) et les brusqueries (le cahier d'écriture roulé en petit cylindre puis poussé à travers le minuscule trou laissé par la fermeture éclair du sac à dos) se comptèrent par dizaines. Lorsqu'elle se mit finalement en colère, en criant après sa mitaine qui refusait de se laisser enfiler, je ne pus m'empêcher de penser que Florence était nettement plus tolérante que je ne l'aurais moi-même été.

La rencontre de rétrospective avec la famille a permis, en premier lieu, de déconstruire la croyance selon laquelle Florence était irritable et de mettre en lumière l'anxiété qui pouvait être suscitée par les incitations à se dépêcher. Le climat et les interactions négatives qui se déroulaient le matin amenaient la jeune à comprendre qu'elle était inadéquate, incapable de répondre à ce qui était attendu et qu'elle courait constamment le risque d'un échec (être en retard et manquer l'autobus).

Les parents ont alors objecté que Florence avait besoin de plusieurs heures de sommeil (d'où l'importance de la réveiller le plus tard possible) et que, même si on lui laissait trois heures supplémentaires pour se préparer, elle risquait fort bien d'être en retard. La solution est venue par une discussion avec la jeune, qui a fait part de son opinion quant à la situation. Tout à fait d'accord avec ma lecture, Florence a exprimé qu'elle se sentait rabrouée par les gestes de ses parents, qu'elle savait pourtant bien intentionnés, et percevoir que son anxiété montait rapidement à son lever. Les stratégies qu'elle a suggérées ont d'abord suscité une résistance de la part des parents, mais, après négociations, des ententes ont été prises et mises à l'essai.

Afin de ne plus subir de réprimandes et de ne plus être soumise à la pression venant de ses parents, Florence a choisi de se réveiller par elle-même, à l'aide d'un réveille-matin, à 7 h, puisqu'elle préférait prendre son temps, même si cela impliquait de se coucher plus tôt. Elle a également tenté de les convaincre qu'elle pouvait très bien se priver de déjeuner, puisque la collation du matin était prise tôt, en classe, mais a consenti à boire un lait protéiné, devant le refus catégorique de sa proposition. L'élément le plus déterminant, cependant, a été le lâcher-prise de ses parents, à qui elle avait demandé de ne plus l'encadrer, ni par des rappels ni par des avertissements, ce qui les mettait eux-mêmes face à leur propre anxiété. Il fut donc entendu que Florence s'organiserait elle-même, de façon indépendante, pour être prête à temps et que, si, par malheur, elle n'y parvenait pas, elle subirait la conséquence naturelle de ses actes. Ainsi, l'autobus manqué l'obligeait à marcher jusqu'à l'école et à accuser un retard non justifié. Le lunch oublié supposait de débourser pour un repas chaud du service de traiteur, à même l'argent qu'elle avait économisé. Quant aux cheveux emmêlés, aux dents non brossées ou aux vêtements dépareillés... ils entraînaient un petit pli sur l'orgueil d'une préadolescente capable de l'assumer !

 **Remue-méninges**

Cet enfant a-t-il des relations sociales harmonieuses ? Vit-il dans un environnement propice aux conflits ? Est-il témoin direct ou indirect de disputes fréquentes ? Vit-il de l'intimidation ?

Ça se passe à la maison ! Les relations familiales

Les relations entre les membres de la famille sont évidemment souvent très liées aux symptômes anxieux. Les conflits récurrents peuvent bien entendu susciter du stress, comme nous en avons discuté auparavant, mais d'autres facteurs plus subtils peuvent aussi avoir leur rôle à jouer. Une rivalité omniprésente dans la fratrie, des attentes élevées de la part des adultes ou une jalousie malsaine entre les parents sont des exemples d'éléments propices à causer de l'anxiété chez les enfants.

 **Petit récit de psy**

Maria était maman de deux jeunes adolescentes lorsque nous nous sommes rencontrées. Elle et son conjoint étaient des professionnels reconnus dans leurs domaines respectifs (la médecine et l'architecture), en plus d'être des athlètes de biathlon aguerris. Debout à 5 h tous les matins, Maria cuisinait son propre pain à base d'aliments bio, entretenait son jardin comme nulle autre et gardait une propreté telle dans sa maison que l'on aurait eu envie de manger sur le plancher. Son mari conduisait une voiture rutilante, portait des habits toujours bien pressés et jamais personne ne l'avait aperçu fâché.

Maria me demandait souvent conseil pour venir à bout de l'anxiété qu'elle percevait chez ses adolescentes. L'aînée était terriblement anxieuse quant au domaine scolaire et avait tendance à se surpréparer en vue des évaluations, à un tel point que ses études étaient devenues une obsession. Par surcroît, elle tendait à sous-performer lors des examens, ce qui ne faisait qu'accentuer son anxiété. La cadette, naturellement très performante à l'école, avait quant à elle des préoccupations envahissantes en ce qui concernait sa santé. Elle examinait à la loupe les ingrédients de tout ce qu'elle ingérait, comptait avec angoisse les minutes d'inactivité dans ses journées, s'entraînait à s'épuiser et s'isolait socialement à cause de ses comportements.

Les parents avaient pleinement conscience que leur réussite avait une incidence sur les perceptions de leurs filles et, même s'ils estimaient ne pas délibérément mettre de pression sur elles, les nombreux diplômes encadrés, l'état de leurs finances et les marques de valorisation et d'appréciation qui affluaient de toutes parts s'en chargeaient.

Je ne vais quand même pas me mettre en situation d'échec parce que mes filles sont anxieuses! me disait Maria sur un ton désespéré. Elle s'était d'ailleurs une fois assise avec ses filles, avec les meilleures intentions du monde, pour dresser la liste des forces et des faiblesses de chaque membre de la famille, dans l'intention de démontrer aux jeunes que tous avaient des limites. Mais voilà, Maria et son mari étaient inhabituellement doués dans tellement de domaines que l'exercice s'était avéré négatif, au bout du compte.

Tu sais, Maria, se comparer pour observer ses forces personnelles peut en effet être très valorisant et diminuer l'anxiété, puisque l'impression de combler les attentes (les nôtres ou celles des autres)

...SUITE À LA PAGE SUIVANTE ⇨

entraîne un sentiment de compétence. Se comparer à «meilleur» que soi peut susciter une petite dose d'anxiété motivante... ou bien une grosse dose d'anxiété décourageante! ai-je expliqué. Dans le cas des enfants de Maria, rien ne servait de tenter de leur faire croire que leurs parents avaient des faiblesses (ils en avaient... mais disons nettement moins que la moyenne des gens) ou que leurs attentes de réussite et de succès ne concernaient qu'eux-mêmes, sans égard à leurs filles. La meilleure stratégie visait plutôt à mettre l'accent sur les différences, en valorisant la diversité comme elle se présente dans notre monde.

Que ce soit sur le plan des résultats scolaires ou de la forme physique, tes filles recherchent la performance. Elles se comparent spontanément à vous, qui êtes pour elles des modèles, et désirent fondamentalement vous plaire. Montrez-leur qu'être simplement elles-mêmes suffit amplement.

Quel large et vague mandat, direz-vous! Pourtant, Maria et son mari se sont employés à relever le défi. Leur première intervention fut d'encadrer une citation d'Oscar Wilde qui dit: *Soyez vous-même, les autres sont déjà pris*, pour rappeler à leurs filles que chaque être est unique. Ils ont également fait très attention de souligner leurs forces personnelles à chaque occasion qui se présentait.

De mon côté, j'ai repris la liste des forces et faiblesses, non pas en ayant pour objectif de comparer, mais plutôt dans l'intention d'amener les adolescentes à se décrire. Elles ne devaient donc pas se positionner comme étant «meilleures que» ou «moins bonnes que», mais juste faire état de ce qu'elles observaient chez elles. Nous avons ensuite mis en lumière que, pour chaque force et chaque faiblesse, il existe un contrepoids. Aussi, le fait d'être très organisé peut parfois entraîner un manque de créativité; le fait d'être très discipliné peut conduire à manquer de souplesse; etc. Enfin, nous avons également réalisé ce que j'appelle «l'exercice de la tarte». En dessinant un rond sur une feuille de papier, j'ai demandé aux jeunes de tracer des pointes représentant le temps et l'énergie qu'elles désiraient consacrer aux choses importantes de leur vie: la famille, les amis, la santé, les études, les activités culturelles, etc. L'aînée a rapidement constaté que sa tarte était presque entièrement vouée à ses études et laissait donc bien peu de possibilités à l'entretien de relations, ce à quoi elle tenait pourtant ardemment. La plus jeune fit le même constat quant à ses activités liées à la santé. Ces prises de conscience aidèrent non seulement les filles à diminuer leur anxiété, mais également à prendre des décisions plus concordantes avec leurs désirs et valeurs.

La composition même de la famille peut aussi se rapporter à des éléments anxiogènes; une famille nombreuse (où chacun dispose de peu d'attention, de ressources ou d'espace), monoparentale (où le parent doit assumer seul tous les rôles: figure d'autorité, source de réconfort, infirmier, cuisinier, conducteur, concierge et animateur), reconstituée (où l'enfant unique devient l'aîné de la fratrie, ou encore dans laquelle l'attention du parent est monopolisée par le nouveau conjoint), multigénérationnelle (où l'autorité parentale est répartie entre plusieurs individus avec des visions et des attentes différentes) ou composée d'une ou de plusieurs personnes à besoins particuliers (par exemple, handicapées ou présentant un trouble médical) peut exiger un haut niveau d'adaptation d'un enfant et entraîner par conséquent une certaine dose d'anxiété.

Petit récit de psy

Le trouble de la personnalité limite (communément connu comme la personnalité *borderline*) amène l'individu qui en souffre à être instable dans ses émotions et à réagir de façon disproportionnée ou imprévisible. Les gens qui le côtoient diront d'ailleurs souvent qu'il faut, avec lui, constamment *marcher sur des œufs*. Ce trait de caractère génère beaucoup d'anxiété chez les enfants (et même les adultes!) présents dans son entourage, puisque, tantôt, il idolâtre les autres, en ne voyant que leurs qualités, puis les dénigre soudainement, en fixant plutôt son attention sur leurs lacunes.

C'est d'ailleurs ce que me rapportait la fille d'Annie, cette dernière présentant ce trouble de la personnalité. *On ne sait jamais sur quel pied danser avec ma mère. Quand elle est de bonne humeur, elle est drôle, souriante, chaleureuse, et j'en passe. Mais, quand elle file un mauvais coton, elle devient cinglante dans ses propos et utilise le sarcasme pour rabaisser les autres.* Ces changements d'attitude soudains occasionnent une bonne dose d'anxiété aux trois enfants de la maison, qui la vivent chacun à sa façon.

>  **Remue-méninges**
>
> Cet enfant est-il soumis à des attentes élevées de la part des adultes en autorité? Règne-t-il un climat de compétition ou de jalousie entre les membres de la famille? L'enfant fait-il face à des gens anxieux, colériques ou imprévisibles dans le noyau familial? Les personnes en autorité ou régulièrement présentes auprès de l'enfant sont-elles changeantes? L'énergie des adultes qui évoluent dans son environnement doit-elle être majoritairement consacrée à d'autres personnes plus exigeantes? A-t-il vécu des changements importants au sein de sa famille?

J'suis tout seul! Le manque de soutien ou de disponibilité de personnes significatives

Être laissé à soi-même pour résoudre des problèmes que l'on n'a jamais rencontrés auparavant, être trop souvent seul, se sentir isolé (même parmi les autres!) ou avoir l'impression d'être un fardeau, d'être «de trop», sont des perceptions et sentiments qui contribuent à l'anxiété.

Petit récit de psy

Les parents de William se sont séparés lorsqu'il était âgé de cinq ans. Comme sa mère habite en région et son père, dans la métropole, l'enfant a vécu pendant plusieurs années en garde exclusive chez sa mère et visitait son père tous les étés. Lors de son passage au secondaire, le choix d'école a conduit le jeune à emménager avec son père, qui n'avait jusqu'à maintenant jamais vécu à temps plein avec son fils, en dehors de la période des vacances. Habitué à sa vie de célibataire socialement très actif, le père sortait plusieurs soirs par semaine, laissant à William le soin de se préparer ses repas, de voir à son lavage et de faire ses devoirs et leçons. S'il choisissait de l'amener dans ses sorties, le jeune se retrouvait seul adolescent attablé avec un groupe d'hommes qui discutaient sans se préoccuper de son opinion et qui n'avaient aucun souci concernant les propos qu'ils pouvaient tenir devant lui. William, à qui l'on demandait tout à coup de vieillir et de gagner en autonomie rapidement, est devenu très anxieux dans son nouveau milieu de vie et a manifesté le désir de retourner chez sa mère, après quelques semaines à peine. Une intervention familiale a par conséquent été nécessaire pour diminuer son anxiété et augmenter son sentiment de compétence. Le père a été appelé à collaborer, en revisitant sa façon de vivre et ses priorités, ce qu'il était prêt à faire avec un peu d'aide. Les grands-parents ont également été mis à contribution et se sont impliqués davantage dans la vie de ce petit-fils qu'ils avaient si peu connu jusqu'à présent. L'aide est également venue de la mère, qui a choisi de s'installer pendant deux semaines chez son ex (!!!) pour apprendre à William à cuisiner. Plein de ressources et de talents, l'adolescent a rapidement été beaucoup plus à l'aise de fonctionner de façon indépendante, mais a également appris à aller chercher du soutien de façon efficace dans son environnement. Tellement bien, en fait, qu'il a quitté le foyer de son père, à l'âge de seize ans, pour poursuivre sa scolarité aux États-Unis; je reçois à l'occasion des images de soleil et de plage dans mes courriels alors qu'il fait moins vingt degrés par ici... il le fait exprès...

Remue-méninges

Cet enfant a-t-il des personnes présentes et disponibles pour lui dans son environnement ? Peut-il compter sur des gens compétents pour lui porter assistance en cas de besoin ? Vit-il de la solitude ? Est-ce que les demandes par rapport à son autonomie sont trop élevées pour lui ? Se sent-il accepté et désiré par son entourage ?

C'est comme ça qu'on m'a élevé ! Le style d'éducation

C'est l'armée ! Un style trop rigide et autoritaire

Se voir imposer des règles et des limites est chose normale et attendue, dans toutes les familles. Cependant, des parents qui décident de façon unilatérale dans toutes circonstances et qui fournissent peu d'explications permettant de comprendre les motifs de leurs décisions peuvent provoquer de l'anxiété, en créant la perception « d'absence de contrôle » chez leurs enfants. En effet, si l'enfant a l'impression que ses opinions, désirs et volontés ne sont pas entendus, qu'il n'a pas de pouvoir sur le sort qu'il subit et qu'il ne peut rien changer à la façon dont se déroulent les choses, il pourra se sentir frustré, mais également inquiet, puisque ce qui sera choisi pour lui ne correspondra peut-être pas à ce dont il aurait besoin ou ce qu'il aurait souhaité.

Petit récit de psy

Mon amie Isabelle est une femme très préoccupée par le bien-être de ses enfants et portée à voir aux moindres détails de la gestion quotidienne de la maisonnée. Elle-même très anxieuse et rigide, elle exerce son contrôle dans de petits gestes en apparence anodins. Par exemple, elle préfère s'occuper seule du lavage plutôt que de tolérer les serviettes pliées dans le mauvais sens, préparer les lunchs plutôt que de risquer que l'un des siens ingère des aliments de trois groupes alimentaires sur quatre seulement, et faire les lits selon sa stricte méthode. Les activités parascolaires et sportives des enfants sont choisies non pas en fonction de leurs champs d'intérêt, mais plutôt selon le type d'exercice physique qu'elle estime nécessaire à leur santé. Les relations amicales sont aussi scrutées à la loupe et elle se permet de s'immiscer dans les conversations que tiennent les jeunes avec leurs amis sur les réseaux sociaux, prétextant exercer des vérifications de sécurité. Elle n'hésite pas non plus à dénigrer, dans l'intimité de son foyer, un ami qu'elle préfère ne plus voir fréquenter ses enfants.

Le plus jeune de la fratrie est lui aussi très anxieux, ce qui, étonnamment (du moins, à mes yeux de psy), laisse Isabelle perplexe. *Charles est incapable de prendre quelque décision que ce soit. Ce samedi, alors que nous étions au restaurant pour le lunch, il a mis quinze minutes à décider s'il allait prendre le spaghetti ou le burger*, m'a-t-elle raconté, alors que nous discutions de nos week-ends. *Alors, qu'a-t-il pris ?* ai-je demandé. *Il a finalement choisi le spaghetti, mais, comme j'avais prévu de la lasagne pour le souper, je lui ai commandé du poulet.* ☺

>  **Remue-méninges**
>
> Cet enfant a-t-il la possibilité d'acquérir de l'autonomie? Peut-il prendre des décisions ou faire des choix qui sont à sa portée? A-t-il du pouvoir sur sa vie ou sur les événements qui surviennent? Peut-il exprimer ses besoins et ses désirs… et être entendu?

Tout est permis! Un style trop souple et imprévisible

Au contraire, un style d'éducation sans règles ni encadrement sécurisant peut aussi avoir des impacts majeurs sur l'anxiété. Ne pas connaître les limites, ignorer ce qui est autorisé ou non et être incapable de prédire les conséquences de ses gestes est en effet très insécurisant pour l'enfant, qui peut avoir l'impression de ne pas être outillé pour faire face aux situations de la vie ni moduler son comportement en fonction des attentes de ses parents, de ses proches ou des personnes en situation d'autorité.

 **Petit récit de psy**

Kevin avait treize ans lorsque je l'ai vu pour la première fois, et sortait de l'hôpital à la suite d'une surdose de drogue. Il habitait depuis quelques mois en logement, avec sa mère et son frère cadet, dans une nouvelle ville. L'intégration à l'école secondaire s'était mal déroulée à son avis, puisqu'il avait un style vestimentaire et des goûts musicaux très différents des jeunes de ce milieu. Souvent seul avec son frère après les classes, l'adolescent s'était lié d'amitié avec d'autres jeunes qui traînaient dans les rues le soir et avait commencé à fumer la cigarette, à boire de l'alcool puis, petit à petit, à prendre de la drogue. *Mais qu'est-ce que ta mère dit de ça ?* fut spontanément ma première question (déformation de maman). *Elle ne dit rien*, répondit-il.

En questionnant Kevin sur les motivations qui le poussaient à adopter des comportements autodestructeurs de la sorte, je fis ressortir deux principaux motifs : le besoin d'affiliation, auquel il répondait par son groupe d'amis délinquants, ainsi que la nécessité d'apaiser sa fébrilité intérieure. Veiller sur son petit frère, prendre ses propres décisions et être l'homme de la maison pesait lourd sur ses épaules de jeune garçon. Sans guide, sans limite clairement définie et sans référence, il ressentait au quotidien une grande anxiété, qu'il cherchait à calmer de façon inadaptée.

— *Je voudrais entrer dans l'armée*, m'a-t-il annoncé plus tard, alors qu'il approchait l'âge minimum requis.

— *Mais pourquoi ce choix ?*

— *Parce que je n'aurai plus besoin de penser. Je vais juste avoir à faire ce qu'on me dit de faire. Et je ne serai pas responsable de ce qui arrivera.*

...SUITE À LA PAGE SUIVANTE ⇨

Le besoin d'un cadre et de balises sécurisantes pour faire taire ses angoisses était tel qu'il a incité Kevin à se placer dans un contexte où sa vie serait réglée au quart de tour. Je n'ai plus eu de nouvelles de Kevin après son enrôlement, mais j'ai revu son frère par hasard et il arborait lui aussi fièrement l'habit militaire...

Remue-méninges

Cet enfant évolue-t-il dans un cadre structurant et sécurisant ? Connaît-il les limites ? A-t-il des adultes autour de lui sur qui s'appuyer, lorsqu'il se sent dans le doute ? A-t-il la conviction qu'une personne « plus forte que lui » est en mesure de l'arrêter et de l'encadrer s'il se sent déraper ?

Fais attention ! La surprotection

Avoir une mère poule ou un père poule qui s'inquiètent démesurément et prennent des précautions exagérées peut entraîner son lot d'anxiété. L'enfant surprotégé risque de percevoir le monde

comme un endroit hostile, débordant de dangers auxquels il ne peut faire face seul.

Pour développer une conception du monde comme lieu sécuritaire, le jeune doit vivre diverses expériences et comprendre qu'il a les ressources pour s'adapter. Si, de façon répétitive, il est freiné dans son exploration, sa prise d'initiatives ou sa recherche d'autonomie, il pourra douter de sa capacité à agir avec discernement, à choisir pour lui-même et à assumer les conséquences de ses gestes. En se présumant ainsi incompétent, il se croira vulnérable et sans protection face aux menaces potentielles, et toute séparation des parents engendrera du stress.

Petit récit de psy

Ma copine Daphnée a accouché de son premier bébé à quarante et un ans. L'âge n'a probablement rien à voir avec la tendance à surprotéger, mais, dans son cas, j'en avais conclu que c'était le fait d'avoir attendu son petit si longtemps qui l'avait rendue alarmiste. Olivier n'avait jamais la chance de grimper sans que des bras soient derrière, prêts à le rattraper, de se salir sans qu'une débarbouillette soit prête à le laver ou d'éternuer sans que des mouchoirs et du désinfectant soient instantanément apportés. Jamais il ne pouvait se débattre un peu avec l'emballage de son fromage sans qu'on le lui prenne des mains pour l'ouvrir, se tromper de soulier puisque l'on préférait les lui enfiler ou chercher quoi faire, puisque l'on animait constamment ses journées. C'est à son entrée à la maternelle que

...SUITE À LA PAGE SUIVANTE ⇨

toutes ces précautions bienveillantes, mais exagérées, jouèrent un mauvais tour à l'enfant, chez qui l'on constata non seulement un retard dans l'acquisition de l'autonomie fonctionnelle, mais également une grande anxiété de séparation. Le travail thérapeutique débuta en premier lieu par les parents, qui durent apprendre à le laisser respirer...

Remue-méninges

Cet enfant est-il surprotégé ? A-t-il l'occasion de faire ses propres expériences, de prendre des risques, de se tromper ? Les adultes autour de lui renvoient-ils le message implicite qu'il est incompétent ?

On n'en a pas assez... Une situation économique précaire

Avoir des doutes quant à la possibilité de manger à sa faim, d'avoir un toit pour la famille ou de pouvoir acheter des crayons pour la prochaine rentrée scolaire peut être très anxiogène pour un enfant, même si ces préoccupations devraient normalement être réservées aux adultes.

 **Petit récit de psy**

Vous le savez bien, les enfants ont parfois une imagination très vive... qui peut leur jouer des tours. Ce fut d'ailleurs le cas pour Anne-Sophie, cinq ans, venue en consultation pour diverses manifestations anxieuses. Dans les premières rencontres, l'enfant me confia avoir la crainte de ne plus pouvoir fréquenter la maternelle, parce que ses parents manquaient d'argent. Sachant la famille bien nantie, je l'ai questionnée avec curiosité sur les causes de cette appréhension. Il s'avéra que la petite avait entendu son enseignante dire à un élève de la classe *que l'on ne peut pas venir à l'école si l'on n'a pas de crayons*. Dans la même semaine, la mère d'Anne-Sophie avait également signalé à son grand frère *qu'elle n'avait pas de sous pour lui acheter de nouveaux crayons*. Anne-Sophie en avait donc déduit que ses parents manquaient d'argent et qu'il lui faudrait bientôt, par conséquent, quitter la maternelle.

Il s'avéra, après enquête, que l'enseignante de maternelle avait bien tenu ces propos à l'endroit d'un élève, dans l'objectif de faire cesser un mauvais comportement. Cet enfant avait la mauvaise habitude de ronger ses crayons-feutres, qui devenaient malpropres et inutilisables. L'intervention avait donc pour but de l'inciter à prendre soin de son matériel. En ce qui a trait à la mère, elle avait simplement répliqué à une demande de son fils qu'elle jugeait exagérée, considérant qu'il avait déjà tous les crayons dont il avait besoin.

Dans ce cas-ci, même si le manque d'argent était illusoire, la croyance d'Anne-Sophie avait été suffisante pour déclencher en elle une anxiété bien réelle.

Remue-méninges

Cet enfant a-t-il des préoccupations concernant la possibilité de se nourrir, d'être logé ou de répondre à ses besoins de base ? S'inquiète-t-il de ne pas avoir accès à des éléments matériels significatifs pour lui ?

Tout autour de moi... Le milieu de vie

L'environnement physique, tel qu'une résidence très exiguë logeant une famille nombreuse, un appartement sans accès à un espace extérieur, une garderie située dans un quartier bruyant, un trajet maison-école exténuant ou une classe mal entretenue et peu éclairée sont aussi des exemples de milieux qui peuvent favoriser l'apparition de symptômes anxieux.

Petit récit de psy

On m'avait demandé d'aller en classe observer un enfant qui présentait, croyait-on, des symptômes de déficit de l'attention avec hyperactivité. Fonctionnant sur un mode scolaire de décloisonnement, la classe de deuxième année comptait cinquante-quatre élèves pour deux professeurs. Les fenêtres permettant l'éclairage naturel étaient situées au haut des murs et les murs de béton avaient été peints en bleu foncé, ce qui donnait une impression d'étroitesse, malgré les larges dimensions de la pièce. Les sons semblaient également rebondir sur le plafond très haut et le niveau de décibels entendus dans ce groupe était certainement plus élevé que sur un chantier de construction. Par surcroît, l'école était située sur le chemin du terminal de transport de matières lourdes, si bien que d'énormes camions y circulaient à longueur de journée, ajoutant aux bruits ambiants.

D'ailleurs, pour revenir de l'école, le petit devait longer cette route cahoteuse et mal déblayée l'hiver, traverser le viaduc surplombant l'autoroute puis gravir les quatre étages qui le conduisaient au minuscule logement d'une seule pièce qu'il partageait avec ses parents et ses deux petits frères jumeaux. L'unique lit était occupé par les enfants et les parents dépliaient le divan-lit pour la nuit. Les sons provenant de l'autoroute et de l'aéroport se faisaient entendre à toute heure, sans compter les pleurs des bébés, qui demandaient à être allaités ou changés régulièrement.

Quelques heures dans le quotidien de cet enfant m'avaient permis de comprendre que le fait de se réfugier dans son esprit à l'occasion ou de s'agiter à d'autres moments ne tenait pas à un trouble neurodéveloppemental, mais correspondait davantage à une façon de trouver le calme ou de libérer les tensions causées par un environnement trop sollicitant au plan sensoriel et gobeur d'énergie. Même si, d'un point de vue externe, certains d'entre eux pouvaient sembler inadéquats, ses comportements étaient en fait les meilleures stratégies d'adaptation que le petit avait inconsciemment trouvées pour répondre à ses besoins.

 **Remue-méninges**

Cet enfant est-il soumis à un environnement physique stressant ? Peut-il se réfugier dans un endroit ou être seul s'il en ressent le besoin ?

Le discours du *coach* : ce qu'il faut savoir pour éliminer l'anxiété

Avant d'aller plus loin, je sens la nécessité de vous parler très sérieusement, dans le blanc des yeux. Il vous faut savoir et comprendre parfaitement bien les prochains éléments, avant même de penser à aborder l'anxiété.

L'anxiété ne se résorbe pas seule.

Selon la recherche, l'anxiété peut parfois se transformer, se manifester de différentes façons, être temporairement moins présente, mais rares sont les individus qui, sans développer de stratégie ni faire d'effort conscient, réussissent à se défaire de leur anxiété. Au contraire, il est tout aussi bien établi qu'elle se présente souvent simultanément avec d'autres troubles, les plus fréquents étant les troubles de l'humeur. Il est donc primordial d'intervenir rapidement, avant que les symptômes ne prennent de l'ampleur, ne se cristallisent ou ne donnent naissance à d'autres difficultés.

L'anxiété n'est pas banale.

Oui, il est vrai de dire que tous ressentiront, un jour ou l'autre et à une intensité différente, du stress et de l'anxiété. Comme nous l'avons démontré précédemment, ce n'est pas une mauvaise chose en soi; cela peut au contraire nous donner la motivation requise pour nous mettre en action, pour adopter des comportements vigilants et sécuritaires, pour accomplir ce qui doit être fait, etc. L'anxiété peut donc être stimulante et positive. Cela étant, devrions-nous comprendre que, puisque tous en vivent, elle revêt un caractère insignifiant et qu'il faut simplement laisser les choses aller? Eh bien, par chance, ce n'est pas parce que toutes les femmes du monde accouchent dans la souffrance que la médecine a cessé de chercher des moyens pour les soulager; ce n'est pas parce qu'il est normal de ressentir de la tristesse dans le deuil que l'on retient nos offres de sollicitude envers ceux qui le vivent; et ce n'est pas parce qu'il est commun d'avoir des limitations physiques en vieillissant que nous devons nous résigner à devenir casaniers et inactifs avec l'âge.

Vaincre l'anxiété demande des efforts, de l'assiduité et de la persévérance.

Dans les prochaines sections, vous allez lire des techniques, méthodes et stratégies pour aider l'enfant ou l'adolescent qui vous préoccupe à surmonter son anxiété, jusqu'à ce qu'elle rejoigne à tout le moins le seuil où elle est simplement stimulante et positive. Ces interventions sont exigeantes parce qu'elles ont d'abord besoin d'être connues et maîtrisées; on doit y consacrer du temps et de l'énergie, pour finalement les répéter régulièrement, fréquemment, inlassablement.

Et c'est exactement en quoi consiste le plus grand défi.

Les techniques, méthodes et stratégies fonctionnent. Il n'y a pas l'ombre d'un doute à cet effet. Mais, pour fonctionner, elles doivent être acquises, exercées, appliquées, réinvesties et revisitées plusieurs fois. Vous ne pourrez pas, je peux vous le garantir, aider quiconque à diminuer son anxiété en une ou deux séances de respiration abdominale ou en lui fournissant trois ou quatre phrases clés à se dire dans des situations alarmantes.

Pour bénéficier des avantages des techniques, méthodes et stratégies, le jeune doit les **apprendre**. Vous servirez alors d'enseignant, de tuteur, de modèle. Transposons-nous donc dans un autre contexte; si vous aviez à montrer à cette personne à patiner, à jouer de la flûte traversière ou à danser le hip-hop, combien de séances vous seraient nécessaires, à votre avis? Alors, combien le seront pour qu'elle comprenne parfaitement ce que vous lui expliquerez cette fois-ci?

Respirer par le ventre peut sembler simple en soi... alors je vous mets au défi de le faire, là, maintenant. Dix longues respirations totalement maîtrisées. Alors ? Pas si facile, n'est-ce pas ? Ne sous-estimez pas les difficultés qui peuvent être rencontrées lors de ces apprentissages ardus. C'est l'erreur que bien des intervenants, professionnels ou non, font.

De plus, pour pouvoir les maîtriser et les appliquer, l'enfant doit **s'exercer**. Comprendre ce qu'il doit faire est une chose, être capable de le faire correctement en est une autre. À cette étape, vous devrez agir en tant que *coach*, pour corriger au besoin sa technique, mais également pour vous assurer de l'assiduité à l'entraînement. Prenons encore exemple sur d'autres situations d'apprentissage. Combien de fois une enseignante demande-t-elle à ses élèves de retranscrire les lettres avant d'évaluer qu'ils connaissent parfaitement leur alphabet écrit ? À combien de reprises un jeune doit-il lancer son ballon vers le panier avant de réussir à atteindre sa cible ? Combien de gâteaux un pâtissier décore-t-il avant d'être un expert en la matière ?

Bien connaître et maîtriser les interventions lui donnera la possibilité de les utiliser en contexte. Ce n'est en effet pas lorsque nous sommes naufragés en pleine mer qu'il est temps de peaufiner notre technique de brasse, ni au beau milieu d'un blizzard, notre conduite automobile sur l'autoroute. Le fait de répéter les mêmes techniques, méthodes et stratégies plusieurs fois créera des automatismes dans l'esprit du jeune, de sorte qu'il pourra un jour y recourir sans y penser et sans faire d'effort.

C'est aussi dans cette optique qu'il pourra **réinvestir** ses apprentissages, en mettant à profit ce qu'il sait pour déconstruire une situation anxiogène nouvelle à laquelle il n'a jamais eu à faire face, grâce à des ressources qu'il aura développées et dont il disposera dorénavant pour agir efficacement.

Enfin, les techniques, méthodes et stratégies peuvent être **revisitées**, c'est-à-dire personnalisées, dans une certaine mesure. Si, par exemple, je vous propose dans les pages qui suivent des métaphores ou phrases clés qui ne vous interpellent pas ou si vous estimez qu'elles n'auront pas l'effet escompté sur votre jeune, ou s'il désire lui-même trouver ses propres référents, plus significatifs, alors soit! Laissez libre cours à la créativité!

Vaincre l'anxiété demande du temps.

Même si le jeune a appris les techniques, méthodes et stratégies et qu'il éprouve la volonté de les mettre en pratique, la gestion de l'anxiété nécessitera du temps. De la même façon que l'on ne peut devenir Monsieur Muscle en soulevant des poids pendant toute une journée, ni perdre dix kilos en cessant de s'alimenter pendant quelques heures, les résultats ne se feront sentir qu'après plusieurs répétitions étalées sur un bon laps de temps. Combien de temps au juste ? Trop de facteurs entrent en ligne de compte pour le préciser, mais j'estime avec un très haut niveau de confiance que cela se situera entre « longtemps » et « très longtemps ».

L'objectif poursuivi doit être celui de progresser.

Nous en avons déjà discuté, anéantir l'anxiété est irréaliste et non souhaitable. Mais, au-delà de ce point, l'objectif des interventions est toujours de progresser. Chacun son rythme, chacun ses défis. Si des améliorations sur le plan de la gestion du stress et de l'anxiété sont notées, l'objectif est atteint et le travail doit être maintenu.

Équipé pour résister à l'anxiété : les interventions préventives

Je suis très bien comme je suis ! Nourrir l'estime personnelle

L'estime personnelle constitue un véritable bouclier contre l'anxiété. Rappelons-le, l'anxiété naît de réactions de peur à un événement considéré comme menaçant ou d'inquiétudes provoquées par l'anticipation de conséquences négatives. Or, plus l'individu évalue qu'il a les ressources, connaissances et compétences pour faire face à ce qui survient sur son parcours, moins il sera anxieux.

L'élève qui, par exemple, se sait bien préparé à l'examen parce qu'il connaît la matière sur le bout de ses doigts risque fort d'être moins anxieux lorsqu'il recevra sa copie que celui qui a révisé la matière en diagonale la veille. Cependant, si ce dernier est conscient que son résultat à cet examen aura peu d'influence sur son parcours académique, qu'il pourra amadouer ses parents pour ne pas vivre de conséquences fâcheuses à cause de sa note ou qu'il saura attribuer son échec à l'enseignant, le niveau d'anxiété ressenti risque également d'être faible.

En somme, plus un individu se fait lui-même confiance quant à sa capacité à s'adapter à toutes situations, moins il sera anxieux.

Je sais qui je suis : la connaissance de soi

Si je demandais à tes parents, tes enseignants ou tes amis de te décrire, que me diraient-ils de toi ?

Cette question, posée presque systématiquement aux enfants que je reçois, donne invariablement lieu à un long silence... Même les adultes peinent à y répondre, à vrai dire.

Le concept de soi est en fait un ensemble de perceptions et de connaissances relatives à nous-mêmes. Ce n'est donc pas une vision objective de ce que nous sommes, mais plutôt le reflet de ce que nous croyons être.

La psychologie du développement nous apprend que le nouveau-né est incapable de se distinguer de son entourage. À un mois, le bébé ne sait toujours pas que les êtres et les objets existent en dehors de lui, qu'il s'agisse du mobile sur lequel il donne des coups de pied ou de la personne qui le tient dans ses bras pour le réconforter. La découverte progressive de l'existence autonome des autres amène l'enfant à prendre conscience de la sienne.

Stratégies et techniques pour gérer l'anxiété

Petit récit de psy

Le psychanalyste Jacques Lacan nomme « le stade du miroir » la prise de conscience, par le bébé, de ses limites corporelles et de lui-même. Lorsque placé devant la glace, le petit d'environ six mois croit apercevoir un autre enfant. Autour de neuf mois, il comprend que le reflet n'est pas une personne réelle, mais peut chercher l'autre derrière le miroir et n'est pas tout à fait conscient que cette image est en fait sa réflexion. Si l'on place un point rouge sur le bout de son nez, il cherchera à toucher le miroir pour l'enlever. Il lui faudra atteindre approximativement l'âge de dix-huit mois pour se reconnaître dans le miroir et toucher son propre nez afin d'effacer le point rouge. Il se reconnaîtra aussi, à cette étape, sur une photo ou dans une vidéo.

La formation du concept de soi amène l'enfant non seulement à se reconnaître, mais aussi à réfléchir sur lui-même. Il acquiert la capacité de s'observer ainsi que celle de planifier, d'orienter et d'évaluer son propre comportement. Il se retrouve avec, en quelque sorte, un « acteur en soi » qui s'observe et s'évalue. Mais il n'en demeure pas moins que sa perception de lui-même sera modelée en grande partie par son environnement social. Comment savoir, par exemple, si je suis aimable, gentil, avenant, chaleureux ou égoïste, si ce n'est en prenant conscience des rétroactions des autres ?

Meilleure est la connaissance d'un enfant à son propre sujet, moins il est susceptible d'intégrer les informations provenant de l'environnement qui ne s'appliquent pas à lui et plus il est résistant aux critiques ou aux rétroactions négatives.

Évidemment, les enfants plus jeunes ayant emmagasiné moins d'expériences de vie seront plus influençables et enclins à accepter sans filtre les renseignements qu'on leur procurera sur eux-mêmes. À mesure que les informations sur leur personnalité se cumuleront et que les expérimentations varieront, les schémas du soi se distingueront, se complexifieront et serviront d'agent protecteur contre les conséquences négatives d'événements menaçants. Par exemple, un enfant qui n'a expérimenté dans sa jeune existence que le soccer définira ses qualités de sportif en fonction de ce seul sport ; s'il n'était pas très bon, il aura tendance à se croire piètre athlète en général. En revanche, celui qui a touché au baseball, à la natation, au vélo et au karaté pourra intégrer plus d'éléments dans sa synthèse.

Pour aider l'enfant à mieux se connaître et augmenter son estime personnelle, vous pouvez :

- Lui refléter ses réussites et les associer à des qualités intrinsèques : *Tu as prêté ce jouet, alors j'observe que tu es généreux !*

- Lier ses erreurs à des éléments inconstants, donc modifiables : *Tu as amplement l'intelligence nécessaire pour réussir, mais tu n'avais pas mis suffisamment d'efforts dans la préparation de cet examen.*

- Attirer son attention sur ses succès, en tenant par exemple un *Journal des bons coups*, ou en mettant simplement l'accent sur ses points positifs lors du retour sur la journée.

- L'inviter à jouer au détective, en questionnant les gens de son entourage à propos de leurs perceptions de lui-même.
- L'amener à se décrire, en proposant l'exercice de façon créative ou ludique.

 **Petit récit de psy**

Pour inciter mes filles à prendre conscience de leurs qualités, de leurs forces et de leur personnalité, je leur proposais, lorsqu'elles étaient petites, de se décrire à travers le jeu que nous avions appelé *La boutique du bébé*. J'expliquais à mes filles que, si l'occasion m'était donnée d'aller me choisir un poupon dans ce commerce, je serais peut-être hésitante à les sélectionner, puisque je ne connaîtrais alors rien d'elles. Elles devaient par conséquent m'expliquer pourquoi il serait nettement favorable que je les retire des tablettes pour les ramener à la maison.

Cet exercice débutait d'abord dans un grand sérieux: elles faisaient valoir les éléments positifs qu'elles connaissaient à leur propre sujet (*Je suis très intelligente, parce que je sais faire des casse-tête de vingt morceaux!*) et je renforçais également leur perception (*C'est vrai que j'ai aussi observé que tu sais compter jusqu'à cinquante... tu es vraiment très intelligente*), mais se concluait, je dois l'avouer, invariablement par une séance d'autodérision (*Je mets du spaghetti partout quand je mange. Si tu me choisis, tu vas devoir aussi t'acheter une vadrouille!*), parfois même de façon très surprenante (*Maman, tu ne devrais pas me choisir. Moi, j'irai dans une famille où il y a un chien!*).

Je suis compétent : se fixer des objectifs

Relever un défi, atteindre un but, réaliser un objectif... Pour prendre conscience de son potentiel, encore faut-il se mettre à l'épreuve et expérimenter. Nul besoin d'aller faire l'ascension du Kilimandjaro ou de compléter un postdoctorat à Harvard ; la vie quotidienne se charge de mettre sur le chemin de l'enfant une multitude de petits défis qui lui permettront d'améliorer son estime. L'atteinte d'un but procure des valorisations plus ou moins importantes qui s'additionnent pour contribuer à augmenter le sentiment de compétence.

Bien entendu, pour qu'il puisse vivre des succès, les défis que l'enfant rencontre doivent être à sa portée. Des objectifs trop élevés, qui ne tiennent pas compte de ses compétences, de ses talents ou de ses difficultés, auront l'effet inverse ; ils décourageront le jeune et mineront son image de lui-même.

De même, les succès de l'enfant contribueront à son sentiment de compétence, à son estime et à sa motivation, particulièrement s'ils sont soulignés par les personnes significatives pour lui. Obtenir une note de 100 % à un examen aura peu d'impacts positifs si ni l'enseignant ni le parent ne remarquent cet exploit, alors qu'il en sera tout autrement si la note est entourée de collants et de *Bravo!*, et que le parent s'exclame de joie en prenant le petit génie dans ses bras...

Pour aider l'enfant à mieux relever des défis qui lui conviennent, vous pouvez :

- Lui en proposer ! En veillant bien entendu à évaluer préalablement la difficulté, de sorte qu'il soit à sa portée.

- Célébrer ses réalisations. L'enfant peut ne pas prendre conscience qu'il a atteint un but et passer à côté d'une occasion de valorisation.

Je suis important pour toi : le sentiment d'appartenance

Pour avoir confiance en leurs propres capacités et s'estimer, les enfants doivent se sentir importants, aimés, acceptés et respectés par d'autres. Les parents, bien entendu, mais également les adultes présents dans l'environnement (parenté élargie, amis de la famille, personnel éducateur, etc.) et les pairs (fratrie, camarades de classe, amis, etc.) ont donc, chacun, un rôle primordial à jouer dans l'estime de soi des jeunes. Même si, par exemple, un petit reconnaît que sa mère l'aime plus que tout au monde, il pourra avoir une estime fragile s'il se sait rejeté par les autres enfants et mis à l'écart par les enseignants.

Appartenir à un groupe permet à l'individu de supposer sa valeur personnelle (*Si je fais partie de ce clan, c'est que j'ai de l'importance*) et de se catégoriser (*Je suis un élève du groupe 101. Je suis un nageur dans l'équipe des Torpilles*). L'appartenance naît parfois de gens que l'on aime et avec qui l'on désire se rassembler ou, inversement, de personnes que l'on côtoie et que l'on apprend à aimer.

 **Petit récit de psy**

L'appartenance à un groupe peut entraîner une augmentation de l'estime personnelle lorsque celui-ci est collectivement valorisé ou, à l'inverse, miner la confiance en soi s'il est perçu négativement dans la communauté. À titre d'exemple, être une femme, avoir la peau de couleur, être âgé ou être corpulent sont des états estimés ou dépréciés, selon les groupes sociaux.

C'est d'ailleurs ce qui conduisit ma copine Érika à vivre de grands épisodes d'anxiété pendant les trois mois qu'elle passa avec son mari en Asie, alors qu'il sillonnait plusieurs pays dans le cadre de son travail. Alors qu'elle est habituée à fonctionner de façon indépendante, sans attendre la permission de qui que ce soit, la réalité était tout autre pendant son séjour. Il était mal vu qu'elle sorte sans être accompagnée par un homme et ses cheveux roux flamboyants attiraient des regards de mépris. Érika craignait constamment pour sa sécurité et préféra revenir au pays plutôt que de sentir sa féminité être une barrière à ses droits.

Les enfants qui présentent des difficultés psychologiques (telles que l'anxiété, l'impulsivité ou autre) peuvent cependant avoir du mal à bien se comporter avec leurs semblables et, par conséquent, peiner à s'intégrer à leur milieu. Par exemple, l'enfant qui souffre de gêne maladive s'isolera volontairement, provoquant ainsi le rejet de ses pairs et minant son estime personnelle. L'enseignement des habiletés sociales devient alors une intervention fondamentale. Nous y reviendrons un peu plus loin, dans la section portant sur celles-ci.

Pour aider l'enfant à augmenter son sentiment d'appartenance, vous pouvez :

- L'aider à établir et à entretenir des liens avec des personnes de la famille ou de la collectivité (visiter la parenté, appeler des amis, l'inciter à s'occuper de plus jeunes que lui, etc.).

- L'amener à s'impliquer de diverses façons (conseil étudiant, bénévolat, scouts, etc.) auprès de sa communauté.

- Le renseigner sur ses origines familiales, ethniques, ou sa culture.

- L'encourager à participer à des activités d'équipe (sportives, culturelles, artistiques).

Je ne suis pas parfait et c'est très bien ainsi : la bienveillance

Apprendre à accepter nos défauts, torts et travers est le travail d'une vie. N'empêche, l'écart existant entre le *Soi idéal* (celui que l'on souhaiterait être) et le *Soi réel* (celui que l'on croit être) est déterminant, dans l'estime personnelle. Mais, puisqu'il s'agit de perceptions, les deux images peuvent être modelées.

Le jugement que l'enfant porte sur les actes, réalisations et façons d'être des autres est d'ailleurs parfois beaucoup plus indulgent que celui qu'il a à son propre égard.

Pour l'aider l'enfant à s'estimer davantage, vous pouvez :

- Lui demander de s'évaluer comme s'il était un observateur externe. *Si elle avait bégayé comme tu l'as fait dans ton intervention en classe, qu'aurais-tu pensé de ta meilleure amie ? S'il avait raté son lancer, comme toi, aurais-tu trouvé ton frère nul aussi ? Si j'avais moi-même renversé mon verre de lait sur la nappe, te serais-tu fâché comme ça contre moi ?*

Petit récit de psy

Cet exercice, je l'utilise couramment en thérapie avec les adultes, qui portent bien souvent un regard intransigeant sur leurs propres actions et exigent beaucoup d'eux-mêmes. Pour amener mes clients à prendre conscience de ce qu'ils s'imposent, je propose parfois le jeu du patron.

Pendant la prochaine semaine, tu seras ton propre patron. Tu devras donc définir les tâches que tu comptes te demander, établir tes objectifs de productivité et évaluer ton rendement. L'objectif est de fournir à l'individu un reflet des exigences disproportionnées qu'il a à son endroit. *En tant que patron, trouverais-tu sain et équilibré de te demander de travailler douze heures par jour, avant même de considérer la charge de travail qui t'attend à la maison ? Si tu avais à te superviser toi-même, exigerais-tu que tu serves à ta réception six sortes différentes de canapés ? Pourrais-tu tolérer, en tant que chef de ton entreprise, que ton employé soit constamment fatigué parce qu'il retranche des heures de sommeil pour parvenir à tout réaliser ?*

Lui apprendre à s'encourager plutôt qu'à se blâmer, à se pardonner plutôt qu'à se condamner, et à s'estimer plutôt qu'à se rabaisser. Le discours interne est lui aussi déterminant dans la perception de soi et s'entendre se critiquer fréquemment est tout à fait contraire aux principes favorisant l'estime. Comme je l'écrivais dans le livre *TDA/H : la boîte à outils*, personne n'insulte votre enfant, pas même votre enfant lui-même! Incitez-le à remplacer les commentaires négatifs (*J'suis poche, J'suis pas bon, J'suis con*) par des paroles réalistes (*J'éprouve des difficultés, Je ne comprends pas, Je me sens découragé*) et bienveillantes (*Je ferai sûrement mieux la prochaine fois, Je pense pouvoir m'améliorer, Mon erreur est sans conséquence*).

Je dis ce que je veux : l'affirmation de soi

S'affirmer signifie s'octroyer le droit de penser, de vouloir, de ressentir et d'exprimer des désirs ou des besoins différents de ceux des autres. C'est donc se reconnaître, dans son unicité. En revanche, choisir de se taire revient implicitement à estimer que les autres sont plus importants, prioritaires, et que leurs besoins sont légitimes.

L'affirmation de soi peut être difficile, pour un enfant dont la confiance est incertaine. Pourtant, le fait d'établir ses limites amènera son entourage à les respecter davantage, à mieux répondre à ses besoins et à être plus à l'écoute de ses désirs, ce qui en retour augmentera son sentiment de confiance et, ultimement, le prémunira contre l'anxiété.

Bien entendu, s'affirmer ne signifie aucunement obtenir tout ce que l'on désire; cependant, prendre position restreint les intrusions dans nos limites personnelles et permet de se protéger contre les abus.

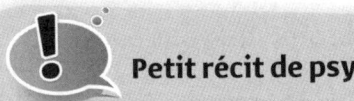 **Petit récit de psy**

Mélodie me raconta, lors de notre plus récente rencontre, avoir été victime d'intimidation pendant les deux premières années de son secondaire. Des critiques au sujet de son apparence physique, des gestes agressifs et des comportements irrespectueux à son égard avaient ponctué son quotidien.

Après un changement d'école en début de troisième, Mélodie n'avait plus vécu de tels incidents et avait, au cours des semaines, pris confiance en ses capacités. Au contact de ses nouveaux compagnons de classe, elle avait fait de véritables efforts pour s'affirmer et se faire entendre davantage, en se promettant à elle-même qu'elle ne laisserait plus personne la traiter de la sorte.

Récemment, une altercation entre elle et un jeune de son groupe avait éclaté, en plein centre de la cafétéria, et le garçon avait crié devant tous: *Calme-toi, la grosse!* Mélodie s'était élancée pour combler la distance qui les séparait et avait giflé l'élève au visage, sous le regard sidéré des autres.

Bien entendu, ce type d'affirmation de soi n'est pas à valoriser. Bien qu'elle se soit sentie à ce moment fière de sa capacité à se défendre, à prendre position et à se protéger, Mélodie regrettait amèrement son geste et vivait une grande culpabilité. Elle a toutefois enregistré, à la suite de cette expérience, qu'elle était maintenant pour elle-même la priorité et que son bien-être passait dorénavant avant celui des autres, non pas de façon égoïste ou à leur détriment, mais dans le respect de ses limites.

Permettez-moi de souligner que Mélodie n'a subi aucune conséquence, au plan scolaire, pour le geste agressif, parce que l'adolescent a reconnu son implication dans le conflit et que, après des excuses mutuelles, les deux jeunes se sont alliés pour éviter la punition. Ils sont maintenant d'ailleurs de bons amis...

Pour aider l'enfant à s'affirmer davantage, vous pouvez :

- Le questionner, pour l'inciter à donner son opinion, à prendre position ou à faire des choix (par exemple : *C'est toi qui choisis le repas de ce soir. Si tu ne dis rien, on ne mange pas !*).

- Valoriser les opinions ou des visions différentes.

- Préparer avec lui des répliques qu'il pourra utiliser dans des situations où il pourrait avoir du mal à s'affirmer (par exemple : *Si ton ami te demande de venir jouer à la maison, mais que tu n'en as pas envie, tu peux lui répondre : « Je te propose qu'on remette ça à un moment où j'aurai plus de temps, puisque j'ai déjà des trucs à faire »*).

- Le rassurer sur le fait qu'il a le droit de dire non et qu'il ne sera pas perçu comme un enfant moins gentil…

Je sais ce qui s'en vient. La prévisibilité et le contrôle

La prévisibilité

S'il existait sur le marché une boule de cristal qui permettrait de voir son avenir, vous croyez qu'elle se vendrait facilement? L'achèteriez-vous? Pourtant, à quoi bon? Vous finirez bien par découvrir votre futur un jour ou l'autre...

Connaître ce qui vient, prévoir les prochains événements et savoir à quoi s'en tenir est rassurant. Encore plus lorsque l'on doute de sa capacité à faire face à tout type de situation. Les livres portant sur la petite enfance regorgent d'ailleurs de conseils concernant l'établissement de routines prévisibles et répétitives, en soulignant leur effet apaisant. Lorsque placé dans un cadre où il peut anticiper les prochaines étapes, l'enfant est moins stressé.

Les grands changements entraînent quant à eux une bonne dose d'anxiété, puisqu'ils demandent de s'adapter et comportent leur part d'imprévus. D'ailleurs, ils sont bien souvent déclencheurs de difficultés d'ordre psychologique; les déménagements, les changements d'école ou d'emploi, les séparations, l'arrivée d'un nouveau-né ou la perte d'un être cher comptent parmi les causes les plus souvent évoquées pour expliquer l'apparition de symptômes dépressifs ou anxieux.

Le fait d'être prévenu du déroulement des événements donne à l'enfant l'occasion de se préparer psychologiquement et annule l'effet déstabilisant de la surprise. La planification est au même titre calmante, parce qu'elle permet d'organiser les activités et d'en contrôler le déroulement.

Petit récit de psy

Maxime était très anxieux quant aux examens de fin d'étape qui arrivaient à grands pas. Il avait l'impression de ne pas savoir comment s'y prendre pour bien se préparer et croyait manquer de temps. Des stratégies comportementales furent employées pour l'aider à diminuer son stress.

Dans un premier temps, il fut demandé au jeune d'évaluer sommairement le temps qu'il devrait consacrer à étudier pour chaque examen, en fonction de la matière évaluée. À cette estimation fut ajouté un tiers de temps supplémentaire, pour s'assurer qu'il ne serait pas coincé dans les délais. L'agenda de l'élève fut alors complété de façon détaillée. Les obligations, activités sportives, soirées entre amis et sorties de famille y furent inscrites, de façon à visualiser exactement le temps disponible à consacrer à sa préparation. Ensuite, des périodes d'étude furent déterminées, pour chaque matière, en fonction des estimations préalablement établies. Des périodes d'étude de groupe, entre amis, furent aussi prévues, ce qui permit au jeune de se rassurer sur sa façon d'étudier et de comprendre la matière enseignée.

Cette planification exhaustive procura à Maxime le sentiment d'être en contrôle de sa préparation et diminua l'anxiété qu'il pouvait ressentir par rapport aux évaluations à venir.

Pour aider l'enfant à prévoir, vous pouvez:

- Le prévenir de ce qui vient (par exemple, *Demain soir, nous irons souper chez Mamie* ou *Comme tu le remarques, nous n'empruntons pas le même chemin que d'habitude; c'est que j'ai une petite course à faire avant de revenir à la maison*).

- Discuter souvent des grands changements à venir, en fournissant des informations pertinentes qu'il pourra comprendre. Attention cependant de ne pas le submerger de renseignements dont il ne saura que faire!

- L'aider à planifier son horaire et ses activités.

Le contrôle

Le contrôle réfère à la capacité de changer le cours des événements, de réagir adéquatement à diverses situations ou de pouvoir échapper à des conditions inconfortables (et non pas à la propension à vouloir tout guetter, décider et examiner, comme on l'entend parfois lorsque l'on parle d'individus contrôlants).

Croire que l'on possède un bon niveau de contrôle sur ce qui survient dans notre vie diminue l'anxiété, alors que se sentir impuissant devant le cours des choses peut au contraire l'augmenter. L'impuissance n'est cependant pas invariablement liée à l'anxiété; par exemple, se sentir impuissant devant la tristesse d'un être qui nous est cher peut occasionner du désarroi plutôt que du stress. Néanmoins, l'incapacité à faire ou à obtenir quelque chose place l'individu dans une position de soumission qui peut être très anxiogène.

La psychologie du développement nous apprend d'ailleurs que les parents qui réagissent de façon positive et prévisible à l'expression des besoins de leur enfant favorisent chez ce dernier l'apparition du sentiment de contrôle. Le petit comprend alors qu'en se manifestant, il obtient (de ses parents et, par extrapolation, de l'environnement) la réponse souhaitée (par exemple, j'ai faim – je pleure – je suis nourri). À l'inverse, des parents indisponibles ou encore trop protecteurs ne permettent pas à l'enfant de déduire qu'il a le pouvoir de modifier son environnement ou de susciter la réaction attendue. Il en résulte un sentiment d'impuissance qui fragilise l'enfant et le rend vulnérable à l'anxiété.

Petit récit de psy

La théorie de l'impuissance apprise, initialement proposée en 1975 par Martin Seligman, professeur de psychologie expérimentale, illustre bien ce qui se passe lorsqu'un individu a l'impression d'avoir peu de contrôle sur sa vie.

L'expérimentation à la base de cette théorie incluait des chiens attachés à un harnais. On infligeait à un premier groupe de chiens un choc, qu'ils pouvaient arrêter en pressant un levier. Un autre groupe subissait aussi un choc, sans possibilité cependant de faire cesser le choc par eux-mêmes. Impuissants face à leur souffrance, les animaux sans contrôle ont rapidement montré des symptômes similaires à la dépression chronique.

Qui plus est, ces mêmes bêtes furent soumises à une deuxième expérience, où il suffisait cette fois de sauter par-dessus un muret pour éviter le choc. Les toutous qui avaient constaté n'avoir aucun contrôle sur leur sort restaient passivement immobiles et souffraient, alors que ceux qui avaient appris à actionner le levier échappaient facilement aux décharges électriques.

Pour aider l'enfant à se sentir en contrôle, vous pouvez:

- Lui prêter attention et être sensible à ses besoins, sans le surprotéger.
- Solliciter son opinion et l'inviter à faire des choix.
- Mettre en lumière ses capacités à entraîner des changements dans son comportement, celui des autres, les événements ou son environnement.

Tu veux être mon ami ?
Développer les habiletés sociales

De nombreuses recherches en psychologie se sont intéressées aux effets bénéfiques du soutien social (c'est-à-dire le réseau de contacts sur lequel un individu peut s'appuyer en cas de besoin) tant sur la santé physique que sur le bien-être psychologique. Il apparaît que le soutien social influe de façon considérable sur le mieux-être des individus et a un effet protecteur contre les répercussions négatives que peut entraîner le stress. Le maintien d'une relation de confiance entre deux individus aurait aussi des conséquences psychologiques positives à la suite d'une perte ou d'une déception majeure. Dans l'optique inverse, les études portant sur le manque de soutien social ont mis en lumière que le fait d'être isolé contribue à la maladie mentale tout aussi bien qu'à la maladie physique. D'ailleurs, les célibataires vivraient moins longtemps que les gens mariés, même lorsque le mariage n'est pas des plus heureux !

Se sentir socialement compétent est aussi un facteur de protection bien connu contre l'anxiété ; avoir la capacité de solliciter de l'aide et de trouver soutien ou appui est suffisant pour procurer une diminution des symptômes anxieux. D'ailleurs, n'est-ce pas spontanément ce que fait une grande proportion d'enfants ? Demander à son parent de tenir sa main pendant la piqûre, chercher du regard son meilleur ami pendant la présentation orale, se tenir tout près de sa grande sœur devant la horde d'inconnus au parc relève de stratégies faisant appel au soutien des autres.

Au contraire, se sentir isolé, malhabile ou inadéquat dans les contacts humains entraîne inévitablement un certain niveau d'anxiété. Se percevoir comme incapable d'aborder les autres amis de la fête, être trop timide pour poser des questions à l'adulte responsable ou avoir l'impression de ne présenter aucun attrait pour les pairs du groupe crée une tension interne désagréable.

Il n'est cependant pas donné à tous d'être naturellement sociable et aiguillé sur le plan des compétences interpersonnelles. Puisque les bénéfices d'être en lien avec les autres sont nettement substantiels, il va de soi que ces aptitudes doivent être développées.

Les habiletés sociales englobent plusieurs types de savoir-faire et peuvent être départagées comme suit :

- Les habiletés *interpersonnelles* permettent de créer des liens et de se faire des amis. Se présenter, distribuer des compliments, offrir et solliciter de l'aide et s'excuser en sont des exemples.

- Les habiletés *liées à la tâche* permettent de travailler en coopération avec les autres, en acceptant les idées ou en formulant des suggestions, en demandant ou recevant de l'information, etc.

- Les habiletés *de communication* impliquent d'être attentif au message de l'autre, de soutenir le regard, de répondre en respectant son tour et de donner une rétroaction à l'interlocuteur.

- Les habiletés *d'affirmation* comprennent les comportements qui permettent de s'exprimer et d'être entendu adéquatement. Nommer ses besoins et ses sentiments, accepter ou refuser des propositions, expliquer ce que l'on pense ou ressent, par exemple.

- Les habiletés *personnelles* sont celles qui demandent plus de sensibilité à l'autre pour parvenir à comprendre ses sentiments, à faire preuve d'empathie et de sollicitude de façon appropriée, à contrôler ses propres réactions (de colère, de stress, de déception) et à évaluer si ces comportements sont adéquats en fonction du contexte particulier.

Règle générale, ces aptitudes sont apprises au fil d'expériences répétées de contacts avec différentes personnes, de relations diverses, ainsi que par l'observation des autres et par rétroactions. Pour certains enfants, elles gagnent cependant à être explicitement enseignées. Les écoles primaires et secondaires offrent d'ailleurs fréquemment des ateliers de développement des habiletés sociales, très souvent dispensés par le personnel de soutien (travailleur social, technicien en éducation spécialisée, psychoéducateur, etc.). En somme, la visée de ces exercices est de mettre en place un répertoire de comportements appropriés chez le jeune, afin qu'il puisse établir des liens significatifs avec les autres et être soutenu par son réseau, ce qui engendrera une diminution de son anxiété.

L'enseignement des habiletés sociales peut se faire de différentes façons :

- **Par jeux de rôle et modelage.** Comme au théâtre... ou presque ! L'idée est de « jouer » une scène mettant en lumière un comportement souhaitable, pour fournir à l'enfant l'occasion de faire une observation directe et d'imiter par la suite la conduite. Cette mise en scène peut également être réalisée à l'aide de personnages, de figurines ou de marionnettes, pour permettre à l'enfant de répéter comment il devrait se comporter et ce qu'il pourrait dire dans certaines situations.

Valérie est souvent brusque dans ses demandes. Sans mauvaise intention et sans même s'en rendre compte, elle utilise une intonation directive qui donne l'impression à l'interlocuteur que sa demande est en fait un ordre. Pour qu'elle se corrige, sa mère lui montre l'exemple en faisant entendre sa requête sur un ton de voix plus mélodieux et l'invite à rejouer la scène ensuite.

- **Par scénarios sociaux.** Il s'agit de courtes histoires dont le but est de décrire une situation sociale avec des informations claires et précises, et le comportement attendu. Pour dédramatiser une situation socialement anxiogène, les scénarios sont bien indiqués.

Léo intégrera la première année dans quelques jours. Lors d'une balade en vélo, son père et lui se rendent observer l'école et la cour. Son père explique : *Quand tu vas venir à l'école, tu vas entrer par cette porte. Si un adulte vient vers toi, tu peux le regarder dans les yeux et lui sourire. Tu peux aussi faire « bonjour » avec la main. Ensuite, les enfants se dirigeront tous vers la classe et tu découvriras ton bureau. À ce moment, regarde l'ami qui est placé à côté de toi et dis-lui « salut, je m'appelle Léo » en souriant. Tu peux aussi lui demander : « Toi, quel est ton nom ? »*

- **Par témoignages.** Se faire raconter par une personne une situation vécue, de façon suffisamment détaillée pour en comprendre les subtilités, et se faire parallèlement expliquer comment les attitudes adoptées étaient adéquates peut aider un enfant à intégrer des stratégies comportementales.

Sylvie raconte à son adolescente : *Je me suis mise en ligne à la caisse et cette femme derrière moi m'a invectivée en me jetant un regard noir : « Madame, vous venez de passer devant moi ! » J'aurais pu soutenir qu'elle était beaucoup plus loin lorsque je suis arrivée, mais j'ai plutôt calmement répliqué : « Eh bien, je regrette sincèrement. J'ai dû mal regarder avant de m'engager dans cette file et je ne vous ai pas vue. Je ne suis certainement pas pressée au point de vous manquer de respect pour me dépêcher, alors je vous en prie, passez devant. » Je crois bien qu'elle s'attendait à une argumentation beaucoup plus qu'à des excuses, puisqu'elle a simplement répliqué « Non, ça va, je ne suis pas si pressée moi-même ». Je crois que réagir calmement lorsqu'une personne est en colère désamorce souvent les sentiments agressifs.*

- **Par histoires, métaphores ou récits.** Contes, littérature jeunesse, bandes dessinées, fables, analogies, allégories, etc., sont tous de bons outils d'enseignement des comportements prosociaux, particulièrement s'ils sont réinvestis dans une discussion avec le jeune.

Pour faire comprendre à Emma comment respecter l'espace personnel des autres, l'enseignante utilise la métaphore du hérisson. *Les gens sont comme des hérissons ; bien qu'ils aiment la compagnie des autres, ils doivent conserver une certaine distance entre eux, parce que, sinon, ils se piquent. Lorsqu'ils se piquent, ils se fâchent et n'ont plus envie d'être ensemble.*

- **Par jeux de société, amusements et autres activités collectives.** Les contacts et interactions qui se déroulent à travers les jeux de table, activités sportives, jeux de groupe ou jeux libres donnent des occasions de rétroactions immédiates et permettent d'ajuster directement les comportements.

> Lorsque Nathalia se fâche et lance les pions du jeu de société parce qu'elle est en train de perdre la partie, la technicienne en éducation spécialisée intervient directement en demandant à l'enfant de replacer le jeu et de présenter ses excuses aux amis. Elle discute ensuite avec Nathalia pour trouver des options lui permettant d'évacuer sa colère, comme demander aux amis un temps d'arrêt afin de pouvoir solliciter l'aide d'un adulte pour se calmer.

En résumé, retenez que toutes les façons de faire sont bonnes, tant que l'objectif d'outiller l'enfant sur les façons de se comporter est atteint.

À l'attaque : pour se débarrasser de l'anxiété

Battre en retraite, pour mieux aider

Être témoin de l'anxiété d'une personne est une situation non seulement inconfortable, mais qui de plus suscite en nous une réaction spontanée d'activation ; toutes nos pensées sont dirigées vers la recherche de paroles apaisantes, d'évocations qui aideront l'autre à dédramatiser sa vision des événements, et nous cherchons également souvent à offrir des gestes de réconfort. Cette réponse empathique est d'autant plus manifeste lorsque l'anxiété est vécue par des enfants. Il est difficile d'être témoin du sentiment de détresse, chez un petit, et de rester impassible devant son désarroi. Nous tentons alors naturellement de le rassurer et de le consoler. Or, ce faisant, nous contribuons insidieusement à maintenir son anxiété.

Pour que la réaction de peur diminue chez un individu, ce dernier n'a d'autre choix que de s'exposer à la menace perçue, afin de pouvoir éventuellement enregistrer que l'objet de ses craintes ne constitue pas en fait un danger ou qu'il a, à tout le moins, les ressources pour y faire face. Vivre l'anxiété et parvenir à la surmonter est primordial, parce que cette expérience permet au jeune de développer des stratégies d'adaptation pour faire face aux événements qui se présenteront dans sa vie. Le parent bien intentionné qui cherche à apaiser son enfant stressé en s'activant, afin de faire considérablement diminuer l'anxiété, ne permet pas au jeune de développer ses propres moyens et de gagner en confiance. Au contraire, l'enfant pourra conclure qu'il avait raison d'avoir peur (puisque son parent est venu à son secours), qu'il dépend de l'adulte pour retrouver son calme et qu'il ne peut, seul, surmonter ses difficultés.

Est-ce que cela veut dire qu'il faut rester totalement imperturbable, comme si de rien n'était, fuir en courant lorsque l'on perçoit des signaux anxieux chez le petit ou rejeter les demandes de réconfort? Bien sûr que non. Il s'agit simplement de ne pas prendre en charge, sur nos épaules, l'apaisement et la diminution de l'anxiété.

Ainsi, il est convenable de refléter à l'enfant ce que nous observons et de reconnaître son malaise (par exemple, *Je vois que tu es très nerveux, cela doit être difficile pour toi*). Il est tout aussi approprié de répondre favorablement à ses demandes de proximité physique, lorsque la sollicitation vient de lui. Il convient cependant de le laisser découvrir ses stratégies pour se calmer, même si cela suppose qu'il devra supporter son inconfort, pendant un temps.

Considérez les épisodes d'anxiété de la même façon que vous abordez les grosses colères ; que faites-vous lorsqu'un enfant est fâché au point de manquer de contenance ? Vous savez pertinemment qu'à ce moment il n'est pas disponible pour discuter ou raisonner. Vous savez aussi qu'en déviant son attention (notamment en lui changeant les idées pour le calmer), vous parviendrez à acheter la paix de façon temporaire, mais qu'à long terme ni lui ni vous ne serez gagnants. Alors, vous attendez qu'il se tranquillise, en intervenant le moins possible, jusqu'à ce qu'il soit disposé à faire un retour sur ce qui vient de se passer.

Utilisez la même approche avec l'enfant anxieux. Retenez les *Ce n'est rien, ça va aller* ou *N'aie pas peur*, qui auront de toute façon probablement peu d'effet sur la gestion émotive du jeune. Attendez qu'il soit calme pour travailler avec lui sur ses pensées anxiogènes. Ne cherchez pas à éviter toute situation provoquant des peurs chez l'enfant et ne l'amenez pas non plus à fuir lorsque vous le sentez devenir nerveux. Faites-lui confiance, valorisez sa capacité à se calmer par lui-même et montrez-lui que vous êtes sensible à ce qu'il vit, mais qu'il est le seul agent de changement pour contrer son anxiété.

Petit récit de psy

Logan avait peur de rester seul dans sa chambre située à l'étage lorsqu'il était couché, si bien qu'il exigeait que ses parents restent eux aussi au deuxième après l'avoir bordé. La mère rapportait avoir instauré plusieurs petits trucs, tels que placer une veilleuse dans sa chambre, faire jouer une musique douce pendant la période d'endormissement ou laisser la porte ouverte pour permettre à l'enfant d'entendre les sons de la télévision, mais tout cela était insuffisant. Il semblait doté d'oreilles bioniques et détectait immanquablement le son d'un orteil se déposant sur la première marche de l'escalier...

Les parents me consultèrent parce qu'ils trouvaient cette situation très contraignante. Puisque Logan allait au lit à compter de 7 h 30, ils étaient à tour de rôle confinés dans leur chambre, à lire ou à passer du temps sur la tablette électronique, pendant que l'autre adulte rangeait au premier, préparait les lunchs ou s'occupait... comme un parent le fait en soirée ! Toute tentative de laisser le jeune seul à l'étage se soldait par une crise de larmes du garçon et une culpabilité monstre de leur part. Les rares occasions où ils s'étaient obstinés à descendre tous deux au palier inférieur s'étaient terminées par des allers-retours incessants dans les escaliers pour calmer l'enfant, puis finalement par la permission de passer la nuit dans leur lit.

Afin d'amener Logan à gérer l'anxiété suscitée par la distance physique avec ses parents au moment du coucher, il fut convenu qu'une intervention en plusieurs étapes allait être tentée. Les parents devaient donc, dans un premier temps, attendre trente minutes après le moment du coucher, puis descendre au premier. Une fois qu'ils étaient en bas, une seule intervention verbale à distance (*Nous sommes dans la cuisine, tu peux retourner te coucher. Bonne nuit, mon amour!*) était suggérée, et ils devaient ensuite faire la sourde oreille aux sollicitations de Logan. S'il venait les retrouver, ils devaient l'accompagner dans sa chambre une première fois, en le prenant par la main sans parler, puis ne rien faire par la suite. Les trente minutes en deviendraient bientôt vingt, puis dix, jusqu'à ce que d'être seul à l'étage ne soit plus source d'anxiété pour Logan.

Le premier soir, Logan pleura longuement, alla retrouver ses parents qui le raccompagnèrent dans son lit, puis finit par s'endormir sur le divan du salon quand ils cessèrent de réagir à ses manifestations. Le deuxième soir, il reprit le même rituel, mais remonta seul, après plusieurs minutes de pleurs, pour retrouver son lit. Il semblait ne pas avoir apprécié la sensation des ressorts sur le cadre du sofa; son père avait prétexté le nettoyage des coussins pour les retirer. ☺ Le troisième soir, il était si épuisé qu'il s'endormit avant même que l'adulte ne quitte l'étage. Il fallut environ quatre semaines pour que Logan n'ait plus de réaction au moment du coucher. Lorsque, dans mon bureau, je lui posai la question à savoir si ses craintes étaient bel et bien disparues, il répondit rapidement «non» en observant ses parents, pour voir leur réaction. Mais ils restèrent impassibles et l'enfant comprit, au fil du temps, qu'il était capable seul de surmonter ses difficultés.

...SUITE À LA PAGE SUIVANTE ⇨

> La mère de Logan rapporta plus tard avoir trouvé l'exercice épuisant, à cause des sanglots de l'enfant, mais n'avait pas personnellement éprouvé de détresse durant le processus. Le père avait pour sa part vécu très difficilement ces quelques semaines sur le plan émotif. Il avait eu l'impression d'abandonner son enfant à sa détresse, d'être un mauvais père, et craignait de susciter chez le petit encore plus d'angoisse. Par chance, il avait fait confiance à la stratégie d'exposition et voyait maintenant les bénéfices que tous en retiraient. Il avait, en fait, apprivoisé sa propre anxiété...

C'est quoi, l'anxiété ? Comprendre pour s'aider

La pédagogie de l'anxiété est à la base de l'une des premières interventions à faire avec un enfant anxieux, parce qu'elle lui permet de comprendre ce qu'il vit et de relativiser son expérience.

L'inquiétude devant une menace compromettant la survie ou l'intégrité physique est non seulement normale, mais essentielle, car elle incite à la prudence et engendre des comportements de protection. Notre cerveau est doté de réflexes situés en sa partie reptilienne (c'est-à-dire la plus primitive), qui déclenchent une alarme dès qu'une menace se présente. Or, le cerveau reptilien est incapable d'analyse et de réflexion, mais réagit simplement en présence d'un danger, en fournissant au corps ce dont il a besoin pour assurer sa sécurité.

L'anxiété est donc un signal d'alarme spontané émis par le cerveau quand une menace est perçue. Cette réaction, tout à fait appropriée lorsque le danger est réel, puisqu'elle augmente nos chances de survie, devient inadéquate lorsque provoquée par un faux danger, ou une situation qui n'est pas véritablement une menace à la survie ou à l'intégrité physique.

Dans l'une ou l'autre des situations, tout le système de l'individu est appelé à se mobiliser pour combattre ou fuir. L'adrénaline (une hormone qui constitue un apport d'énergie direct) libérée dans le sang accélère le pouls, augmente la tension artérielle, dilate les vaisseaux sanguins et les bronches, entraîne une plus forte oxygénation et une circulation plus rapide du sang, puis provoque des symptômes physiques tels que des tremblements, une sudation excessive et une sensation de vertige.

Un élément essentiel à retenir est que cette réaction corporelle, bien que désagréable, ne représente en aucun cas un danger. Il est vrai de dire que, à long terme, le stress chronique peut engendrer des problèmes de santé, mais une soudaine décharge d'adrénaline ne créera pas d'arrêt cardiaque, d'évanouissement ni d'étouffement.

Toutefois, puisque l'anxiété est déclenchée par une mauvaise lecture d'une situation (le cerveau voit un danger là où il n'y en a pas), l'enfant doit également savoir qu'une modification de ses pensées et de ses croyances est requise. Dit autrement, il faut «rééduquer» le cerveau, en lui apprenant que certaines situations qu'il perçoit comme étant menaçantes n'exigent pas une réponse physiologique conduisant à une mobilisation accrue de l'organisme permettant la survie. Il faut alors déconstruire les peurs et favoriser la métacognition (le langage intérieur) pour annihiler les craintes.

Enfin, l'enfant doit comprendre que, comme mentionné précédemment, des comportements d'évitement ou la recherche excessive de réconfort maintiendront l'anxiété, plutôt que de l'anéantir pour de bon.

Vous pouvez donc, dans un premier temps, expliquer à l'enfant que l'anxiété est une réponse normale à un danger perçu. À titre de suggestion, voici une façon de présenter ces informations :

> Le cerveau de l'être humain est très efficace et a la capacité de le protéger contre une multitude d'événements représentant des dangers. Il fonctionne parfois par lui-même, sur la base de réflexes. Les réflexes sont des réactions d'alarme immédiates et involontaires. Par exemple, si je lance une pierre vers toi, ton cerveau réagira brusquement en commandant à tes bras de se placer devant ton visage et à tes yeux de se fermer, pour éviter les blessures. De la même façon, si tu perçois une météorite qui traverse le ciel et qui vient droit vers toi, ton cerveau ordonnera à ton cœur de battre plus vite, à ta respiration d'accélérer et à tes muscles de se contracter, afin que tu puisses partir en courant le plus vite possible. Il fera de même si tu te retrouves juché sur la plus haute branche d'un arbre et que le vent se lève, menaçant ainsi de te faire tomber. L'énergie que ton cerveau libérera dans ton corps te donnera une force gigantesque pour pouvoir t'agripper !

Ensuite, expliquez-lui que certaines situations ne requièrent pas une réponse physiologique d'une telle ampleur.

> Cependant, le cerveau commet parfois des erreurs. Par exemple, si je lance en ta direction une boule de ouate, il est probable qu'il commande les mêmes réponses (bras devant le visage et yeux fermés), même si les risques que tu te blesses avec un tel projectile sont inexistants. De la même façon, si tu te sens nerveux pendant une présentation orale, ou que tu deviens anxieux parce que tu es seul, ton cerveau risque fort bien de dire à ton cœur de battre plus vite, à ta respiration d'accélérer et à tes muscles de se contracter. Mais voilà, comme tu n'as pas dans ces situations à courir ni à combattre, tu vas ressentir un très grand inconfort.

Vous pouvez également l'informer des sensations physiques possiblement engendrées par la décharge d'adrénaline :

- tremblements ;
- mains moites, transpiration excessive ;
- respiration accélérée, sensation d'étouffement ;
- chaleurs ou frissons ;
- cœur qui bat à tout rompre ;
- papillons dans le ventre, crampes, nausées ;
- rougeurs de la peau ;
- bouche sèche ;
- nœud dans la gorge ;
- contractions musculaires ;

- mal de tête ;
- étourdissements.

Les réactions de l'enfant devant ses symptômes anxieux gagnent également à être définies, pour qu'il en comprenne les répercussions.

> Lorsqu'il te joue ce genre de tour, tu dois apprendre à ton cerveau que cette situation n'exige pas de telles réactions dans ton corps, puisque tu n'as pas besoin de courir pour te sauver ni d'utiliser ta force physique. La seule façon de le lui apprendre est de demeurer dans la situation jusqu'à ce qu'il saisisse qu'il n'a pas à envoyer de message d'alarme à ton corps. Si tu fuis, il croira qu'il a eu raison de se mettre en état d'alerte. Si, au contraire, tu acceptes de vivre les sensations désagréables que la fausse alarme engendre, ton cerveau prendra note de ne pas déployer autant d'énergie, la prochaine fois. De situation en situation, il commandera moins de réactions dans ton corps, jusqu'à ce que tu ne perçoives plus rien.

Enfin, informez l'enfant qu'il existe également des stratégies pour modifier ses pensées et donner un petit coup de pouce à son cerveau afin qu'il cesse de voir des catastrophes là où il n'y en a pas.

> Il arrive parfois que ce ne soit pas uniquement ton cerveau qui interprète mal les situations et qui conclut à la présence d'un danger. Toi aussi, tu as ton rôle à jouer ! Tu peux percevoir certains événements comme étant des menaces sérieuses, alors qu'en fait il s'agit simplement d'incidents désagréables. Par exemple, si tu envisages un examen comme un danger, il est normal que ton cerveau envoie un signal d'alarme à ton corps. Si par contre tu conçois qu'un mauvais résultat à cette évaluation entraînera des émotions désagréables, mais non pas dangereuses, il risque fort bien de ne pas sonner l'alarme. Il faut donc travailler à modifier ta façon de percevoir certains événements.

Petit récit de psy

Lorsqu'elle n'était encore qu'un bébé, le pédiatre avait décelé chez ma plus jeune fille une anomalie à un muscle de la joue gauche qui avait nécessité plusieurs examens médicaux. On nous avait par la suite convoqués à Sainte-Justine pour discuter des résultats des évaluations.

...SUITE À LA PAGE SUIVANTE ⇨

Durant le trajet en voiture pour me rendre à l'hôpital, je me rendis compte que j'avais anormalement chaud. Nous étions au début du mois de septembre et la journée était superbe, quoique légèrement fraîche. Malgré la fenêtre ouverte à moitié et l'air qui entrait abondamment dans le véhicule, des gouttes de sueur longeaient ma nuque jusque dans mon dos. Je me surpris alors à penser que je devais être beaucoup plus nerveuse à l'idée d'obtenir ces résultats que ce que j'avais anticipé.

Cependant, la même chaleur me reprit au trajet du retour, alors que je venais d'apprendre que ma fille se portait à merveille. C'est à ce moment que je remis ma première interprétation en doute, pour finalement découvrir l'origine de mon malaise ; puisque ma voiture était en réparation pour quelques jours, ma gentille maman m'avait prêté la sienne, beaucoup plus luxueuse et équipée. Sans le savoir, j'avais actionné les sièges chauffants à « chaleur élevée ». Ma nervosité n'était donc nullement la cause de mes symptômes physiques ; j'avais attribué un caractère menaçant à ma rencontre avec les médecins, pour donner un sens à ce que je croyais alors être du stress. Cette fois, ce n'était pas mon cerveau qui m'avait joué un tour en déclenchant l'alarme, mais moi-même qui m'étais leurrée dans mes interprétations.

(Maintenant que ma voiture possède aussi des sièges chauffants, c'est un tour que je prends plaisir à jouer à tous ceux qui osent s'asseoir côté passager. ☺)

L'intervention structurée

Cette section porte sur les interventions ciblant l'anxiété qui ont fait leurs preuves dans la documentation scientifique. Elles vous sont présentées dans le but de vous outiller pour que vous interveniez auprès de l'enfant anxieux et de vous valider dans les actions que vous preniez déjà peut-être, de façon spontanée, et qui sont possiblement tout indiquées. Je le répète cependant; ce guide ne fera pas de vous un professionnel. Si vous vous sentez peu à l'aise avec l'application des stratégies, doutez sérieusement de vos compétences ou êtes réticent pour quelque raison que ce soit, la meilleure idée demeure d'être accompagné dans votre démarche par un intervenant qualifié.

Dans mon corps : l'intervention sur le plan physique

- **Je sais ce que je sens : reconnaître ses sensations physiques**

Puisque vous avez déjà présenté à l'enfant quelques sensations physiques qui peuvent découler de l'alarme sonnée par le cerveau, vous pouvez maintenant lui demander de définir les siennes.

Il arrive cependant qu'il soit très difficile, pour l'enfant, de nommer ce qui se passe dans son corps. Certains ne prêteront pas attention aux symptômes de façon précise lorsqu'ils surviennent, même s'ils sont conscients d'être globalement «mal». D'autres les vivent à une fréquence telle qu'ils s'y habituent et ont par conséquent du mal à faire la distinction entre un état normal et anxieux.

Pour aider le jeune à définir ses sensations, vous pouvez :

- Tracer le contour de son corps sur une grande feuille ou à la craie, sur l'asphalte de l'entrée, le béton du sous-sol ou n'importe quel endroit que vous jugez possible de nettoyer ☺ et lui demander de marquer les zones où il ressent des sensations. *Lorsque tu es anxieux, que se passe-t-il dans ton ventre? Dans tes mains? Dans tes jambes?...*

- Vous pouvez également dessiner des personnages ou des schémas corporels, selon l'âge de l'enfant.

- Les marionnettes, toutous, figurines ou autres peuvent également être utilisés, tout comme votre propre corps, celui du grand frère ou de papi!

- **C'est commun!: normaliser les sensations physiques**

Les sensations physiques normalement ressenties dans l'anxiété peuvent sembler effrayantes. Si le fait d'avoir chaud ou de sentir ses mains moites est plutôt banal, avoir la poitrine oppressée, sentir son souffle court ou son cœur battre à tout rompre est parfois inquiétant.

Pour que ces réactions s'avèrent moins affolantes, l'enfant doit les apprivoiser. Vous pouvez l'amener à s'accoutumer à ces symptômes en:

- Lui demandant de faire des *jumping jacks*, jusqu'à ce que son cœur batte la chamade, en lui faisant valoir que cela n'est pas dangereux, légèrement désagréable tout au plus.

- Lui demander de placer un objet lourd sur son ventre (comme un sac à dos rempli de livres, un bol plein d'eau

Stratégies et techniques pour gérer l'anxiété

ou le chat obèse de la famille) pour lui montrer que cette sensation de lourdeur est endurable.

- Le faire respirer à travers une paille, pour qu'il comprenne qu'avoir le souffle perturbé n'engendre pas obligatoirement un évanouissement ou une hospitalisation.
- Etc.

Vous pouvez également lui suggérer les phrases clés à se répéter, lorsqu'il est aux prises avec une hausse d'anxiété :

- Mon système d'alarme est déclenché alors qu'il n'y a pas de danger.
- Ces sensations sont désagréables, mais pas dangereuses. Je suis capable de les endurer.
- Si je les tolère, ces sensations finiront par partir. Je peux le faire.

- **Ça va changer... : techniques de relaxation**

Les stratégies de relaxation sont parfois difficiles à maîtriser. De ce fait, plusieurs tendent à les abandonner avant même d'en ressentir les bénéfices. Pourtant, elles ont bel et bien fait leurs preuves quant à la réduction des symptômes anxieux, tout comme sur le plan de l'amélioration de la qualité de vie! Il faut parfois en essayer plus d'une avant de trouver celle qui convient le mieux à notre style personnel et à nos préférences. En voici néanmoins quelques-unes :

La respiration lente et profonde

Cet exercice peut être d'abord introduit dans un moment de détente (par exemple, au moment du coucher), puis réinvesti à d'autres moments dans la journée, lorsque bien maîtrisé. Pour les enfants, cinq minutes par jour apportent normalement des bienfaits. Voici les étapes :

- Bouche fermée, inspirez par le nez en gonflant le ventre comme un ballon (l'air pénètre dans les poumons, et le diaphragme s'abaisse pour permettre l'ouverture maximale de la cage thoracique).

- Bouche fermée, gardez l'air pendant quelques secondes (trois à cinq secondes suffisent).

- Expirez par la bouche en dégonflant le ballon (les muscles abdominaux poussent le diaphragme vers le haut et expulsent l'air).

- Bouche fermée, restez les poumons vides pendant quelques secondes (trois à cinq secondes suffisent).

Il peut être aidant d'imager cet exercice avec les plus petits, afin de les garder motivés et engagés. Vous pouvez par exemple utiliser les doigts des mains, en demandant aux enfants de souffler les dix chandelles une à une, ou les installer à plat ventre et les inviter à faire avancer une bille grâce à leur souffle.

S'entendre respirer, un peu comme en plongée sous-marine, a aussi un effet relaxant. Invitez les enfants à répéter les exercices de respiration dans un endroit calme, en plaçant les mains sur les oreilles.

La contraction musculaire

Demandez à l'enfant de contracter tous les muscles de son corps (pieds pointés, poings serrés, mâchoire fermée, abdominaux rentrés, fesses contractées) et de garder la tension pendant trois secondes, puis de relâcher en poussant un soupir exagéré. Répétez une dizaine de fois.

Le lieu rassurant

À mi-chemin entre l'autohypnose et la méditation, cet exercice consiste à se réfugier mentalement dans un endroit calme et sécurisant. Accompagnez d'abord votre enfant en lui demandant de s'étendre et de respirer calmement, dans un moment où

il est déjà tranquille, puis d'imaginer un endroit où il se sent bien. Solliciter le plus de détails possible en questionnant ses sens (*Qu'est-ce que ça sent? Quelle température fait-il? Que vois-tu dans tes yeux? Qu'entends-tu dans tes oreilles?*). Renforcez cette image en reprenant l'exercice quelques fois (toujours avec le même lieu sécurisant) avant de l'utiliser pour amener l'enfant à se calmer dans une situation où il perd contenance.

Peu importe la technique utilisée, l'objectif de ces exercices est la prévention de sensations physiques d'excitation et la maîtrise par l'enfant de sa réactivité physiologique.

Dans ma tête : l'intervention sur le plan des croyances et des pensées

- **Je sais ce que je pense : reconnaître ses croyances erronées**

Repérer ses pensées catastrophe, ses idées exagérées et ses croyances-tragédies est certainement essentiel, mais ô combien difficile! Cela demande un travail de réflexion et d'introspection exigeant. Il faut aussi parfois investiguer pour aller plus loin que l'affirmation spontanée. Non seulement il convient alors de questionner l'enfant sur ses réflexions, mais il faut également le talonner. Par exemple :

> Q : Quelles sont tes pensées lorsque tu te retrouves devant la classe et que tu sens ton anxiété monter?
>
> R : J'ai peur que les autres rient de moi.
>
> Q : Et qu'arriverait-il si les autres riaient de toi?
>
> R : Je serais rejeté.
>
> Q : Et qu'arriverait-il si tu étais rejeté?
>
> R : Je serais seul et je souffrirais.

Ce petit interrogatoire digne d'une enquête criminelle peut amener le jeune à dépasser sa première idée (je crains que l'on ne rie de moi) pour prendre conscience de sa peur réelle (je crains de souffrir). Si l'on cible mieux les pensées et les peurs réelles, les interventions peuvent être choisies avec plus d'efficacité et se révéler plus appropriées.

Petit récit de psy

Le principe du détective mène parfois à des conclusions surprenantes. Ce fut le cas lorsque je questionnai Eve, une grande fille de six ans, qui craignait de se balader dans le boisé situé à côté de sa maison.

Ariane: *Quelles sont tes pensées lorsque tu te retrouves dans le bois?*

Eve: *J'ai peur.*

Ariane: *Ça, c'est une émotion. Qu'est-ce que tu te dis dans ta tête?*

Eve: *Qu'une bébitte pourrait me piquer.*

Ariane: *Et qu'arriverait-il, si une bébitte te piquait?*

Eve: *Je devrais aller à l'hôpital.*

Ariane: *Ah oui? Mais pourquoi?*

Eve: *Parce que, quand une bébitte nous pique, on gonfle comme un ballon.*

L'oncle de la petite, allergique aux abeilles, avait raconté une fois avoir eu besoin de

...SUITE À LA PAGE SUIVANTE ⇨

se rendre à l'urgence pour recevoir des soins immédiats, puisque sa gorge avait commencé à gonfler à la suite d'une piqûre d'insecte...

Pour aider l'enfant à définir ses réflexions, vous pouvez :

- Utiliser des jeux de rôle.

> Imagine que nous sommes dans ta classe. Toi, tu es à l'avant, prêt à faire ta présentation orale, et ta sœur et moi sommes les camarades d'école, assis à nos bureaux. Vas-y, lance-toi, et dis-moi ensuite quelles ont été tes pensées.

- Lui demander de mettre en mots les pensées d'autres personnes.

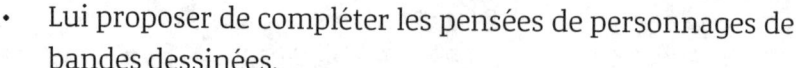

> Flavie est conduite par sa mère à une fête d'enfants. Hormis la fêtée, elle ne connaît aucun autre ami. Que crois-tu qu'elle pense, dans son esprit ?

- Lui proposer de compléter les pensées de personnages de bandes dessinées.

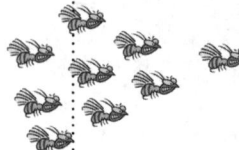

> Regarde cette image. Tu vois, une abeille tourne autour d'Eli... Inscris dans la bulle ce que tu penses qu'il se dit.

- **L'avocat du diable : confronter ses pensées**

Une fois les croyances erronées relevées, encore faut-il les modifier. Pour ce faire, la confrontation est tout indiquée. L'objectif est de semer le doute, dans l'esprit du jeune, afin de diminuer son niveau de certitude.

Pour aider l'enfant à confronter ses réflexions, vous pouvez lui proposer cette liste de questions :

- Est-ce que c'est vrai ? En suis-je convaincu ?
- Suis-je certain que ça va arriver ?
- Dans le passé, qu'est-ce qui s'est produit dans la même situation ?
- Ai-je des preuves que cela va arriver ? Quelles sont les probabilités que cela arrive ?

- Y a-t-il des éléments qui vont dans le sens contraire de ce que je crois qui se produira ?

- Quel est le pire qui pourrait arriver ? Le pire serait-il « si pire » ?

- Ai-je tendance à exagérer ou à voir les choses pires qu'elles ne le sont ?

- Est-ce vraiment important, ce que les autres vont penser ou dire ?

- Qu'est-ce que je penserais, moi, si cela arrivait à quelqu'un d'autre ?

- Si quelqu'un d'autre pensait cela, que lui dirais-je ?

- Si je voulais convaincre quelqu'un d'autre que cette pensée est fausse, quels seraient mes arguments ?

- M'attends-je à être toujours parfait partout ?

- Qu'est-ce que j'ai appris dans le passé qui pourrait m'aider maintenant ?

- Est-ce que je peux voir la situation autrement ?

- Est-ce que je peux changer quoi que ce soit à cette situation ou est-elle hors de mon contrôle ?

Et ma préférée d'entre toutes...

- Qu'est-ce que ça va changer dans l'Univers, si ?...

... que je complète souvent moi-même, pour faire du modelage. Par exemple :

Qu'est-ce que ça va changer dans l'Univers, si tu rates ton examen ?

Rien. Tu auras une mauvaise note, c'est tout. Tu ne reprendras pas ton année, tu ne seras pas le mouton noir de ta famille et tu ne finiras pas tes jours à faire un métier que tu détestes. Tes parents vont t'aimer encore, tes amis vont continuer à jouer avec toi et ton chien ne le saura même pas. Tu auras simplement à travailler plus fort ou à te faire aider davantage la prochaine fois.

Qu'est-ce que ça va changer dans l'Univers, si tu tombes à vélo ?

Rien. Tu auras peut-être mal. Tu auras peut-être à porter un pansement. Ce serait fort désagréable, mais tu y survivrais, comme tu as déjà survécu à des accidents pareils. C'est tout. Personne ne rirait de toi, ne penserait que tu es nul ou ne te croirait incapable. Les autres s'en balancent probablement que tu sois capable ou non de te tenir sur une bicyclette. La seule personne qui sera pénalisée, si tu refuses d'essayer, c'est toi.

Qu'est-ce que ça va changer dans l'Univers, si tu t'ennuies de ta mère ?

Rien. Tu vas trouver ta soirée longue et pénible et ce sera bien dommage. Ta mère va quant à elle s'amuser avec ses amis au restaurant, puis revenir dormir à la maison. Ton père va travailler, puis lui aussi rentrer. Le ciel ne va pas tomber, le toit ne va pas s'écrouler et ton cœur ne va pas éclater. Tu auras simplement passé un mauvais moment, plutôt que d'apprécier la visite de ta gardienne.

L'idée n'est certainement pas de culpabiliser l'enfant au sujet de son anxiété, mais plutôt de mettre en lumière le fait qu'il est la première victime de ses désagréables pensées.

- **Ça va changer... : développer des pensées aidantes**

Les pensées aidantes sont très utiles pour contrer l'anxiété; elles permettent de modifier des croyances chargées négativement au plan émotif pour en renforcer d'autres, plus agréables, en atténuant les appréhensions. En suscitant des doutes sur les certitudes de l'enfant par la confrontation de ses idées, on crée un espace pour la mise en place de pensées plus rationnelles.

Pour aider l'enfant à adopter des pensées aidantes, vous pouvez:

- Remplacer les pensées-écrans par des paroles encourageantes. *Je n'y arriverai jamais* peut alors devenir: *Je progresse lentement, mais je progresse.*

- Reformuler ses pensées exagérées pour en faire des pensées plus réalistes. *Je suis nul* peut donc devenir: *J'éprouve des difficultés.*

- Recadrer les généralisations pour tenir compte de la spécificité de la situation. *J'ai peur des bébittes* peut devenir : *Je crains les abeilles.*

Encore une fois, mes deux préférées, que je propose toujours à mes jeunes et moins jeunes clients d'intégrer à leur discours intérieur :

Ceci n'est pas une menace, je ne suis pas en danger.

et

Cette situation est désagréable, mais elle n'est pas dangereuse.

Il faut cependant faire bien attention à ne pas substituer aux pensées catastrophe des pensées positives irréalistes, qui ne contribueraient pas à long terme à diminuer l'anxiété, mais pourraient, bien au contraire, l'exacerber. Par exemple, un enfant anxieux à la suite de la séparation de ses parents qui se répète *Ils reviendront ensemble...* ou un jeune qui refuse de ressentir le stress découlant de son expulsion de son école en se disant *Ce milieu était beaucoup trop snob pour moi de toute façon* fait de l'évitement. Plutôt que de faire face à l'anxiété et aux sentiments négatifs qui s'y joignent, il nie les difficultés, ce qui peut mener à d'autres problèmes émotionnels.

Attention également aux stratégies trompeuses avec les tout-petits, telles que la poudre magique qui fait disparaître les monstres, les radars à voleurs dans la maison ou les infrarouges pulvérisateurs d'araignées. Ces mignons mensonges peuvent fonctionner pendant un temps, mais constituent en fait des moyens d'évitement qui, en plus de ne pas outiller l'enfant, ont une durée de vie très limitée...

Dans mes actions :
l'intervention sur le plan comportemental

- **Je sais ce que je fais : reconnaître ses comportements**

Il est tout à fait normal de vouloir éviter les situations inconfortables et douloureuses. C'est d'ailleurs pourquoi les personnes qui vivent de l'anxiété cherchent à éviter les situations qui la provoquent ou à s'apaiser rapidement, en fuyant, lorsque cela est possible. Cependant, le fait de lutter augmente l'anxiété, tout d'abord parce que le danger perçu n'a pas la chance d'être réévalué comme étant non menaçant, mais aussi parce que le phénomène d'habituation n'a pas la chance de se produire. Le corps continue donc de réagir au quart de tour en donnant le fameux signal d'alarme. Qui plus est, lorsqu'une réaction anxieuse est désamorcée alors que les symptômes atteignent leur apogée, l'anticipation de la prochaine situation provoquant le même type de réaction sera vécue encore plus difficilement.

L'évitement peut concerner certaines situations particulières, comme parler devant un groupe, descendre seul au sous-sol ou se maintenir à distance des animaux, mais peut également s'appliquer à des activités qui procurent les mêmes sensations physiques que l'anxiété, comme courir, nager sous l'eau ou se balancer. Quelquefois, l'évitement passera par des objets ou des personnes sécurisantes, comme avoir constamment son toutou avec soi pour se rassurer, avoir toujours à la main une bouteille d'eau pour ne pas sentir sa bouche sèche, être incapable de se séparer de l'adulte même lorsque requis, etc.

 Petit récit de psy

Lucas était un adolescent de seize ans aux prises avec un trouble anxieux. L'une de ses craintes concernait la possibilité de vomir. Il devenait paniqué lorsqu'il ressentait le moindre malaise au niveau du ventre et s'imaginait bien souvent avoir la nausée. Sa bouteille d'eau et sa gomme le suivaient partout, en tout temps.

En rencontre, sa mère expliqua qu'il pouvait prendre son vélo à 23 h pour se rendre au dépanneur si ses provisions de gomme à mâcher avaient le malheur d'être à sec. Il avait toujours un paquet sur sa table de chevet et en mâchait même la nuit s'il se réveillait, de sorte que draps et cheveux collés le matin étaient monnaie courante. Il pouvait aussi boire un litre d'eau pendant la soirée et se relevait par conséquent plusieurs fois par nuit pour uriner. Son poids était constamment surveillé par le médecin traitant, qui s'inquiétait de sa frêle constitution puisqu'il grignotait à peine, de crainte d'avoir la sensation d'être «bourré».

Son père voyait un aspect positif à cette phobie; le jeune n'avait jamais essayé de consommer ne serait-ce qu'une goutte d'alcool. Il avait cependant retrouvé dernièrement fiston dehors, à moins trente degrés, à peine habillé, parce que le haut-le-cœur s'était fait sentir et qu'il s'était précipité pour prendre un bol d'air frais...

En évitant de la sorte de confronter ses symptômes anxieux et en refusant, au prix d'innombrables efforts, de tolérer ses nausées, Lucas alimentait ses craintes. Le jeune a cependant réussi à délaisser ses gommes et sa bouteille d'eau après une thérapie structurée, pendant laquelle il a appris que ses sensations physiques, bien que désagréables, ne constituaient en rien des dangers et étaient parfois mal interprétées.

Avant même de pouvoir travailler sur les comportements, il est donc tout indiqué de les définir. Pour aider le jeune à noter ses façons de se comporter par rapport à l'anxiété, vous pouvez lui demander :

- Que fais-tu lorsque tu te sens devenir nerveux ou anxieux ?
- Y a-t-il des situations que tu évites ou des choses que tu t'empêches de faire parce qu'elles te rendent anxieux ?
- Quels sont les moyens que tu prends pour te calmer ?
- Quelles sont les choses, personnes ou actions qui te rassurent et te permettent parallèlement d'éviter ton anxiété ?

C'est comme ça que ça va se passer : inciter à l'exposition

L'exposition est en soi désagréable, alors il vous faudra être convaincant pour amener l'enfant à y adhérer. Bien structurée, elle peut cependant être vécue avec une certaine sérénité.

Pour motiver l'enfant à se soumettre à l'exposition, il peut être nécessaire de mettre l'accent sur les éléments négatifs de l'anxiété. *Ton anxiété t'empêche de... Ton anxiété te fait vivre... Ton anxiété nuit à...* sont donc des phrases à compléter avec son aide.

Vous pouvez ensuite lui expliquer que, pour qu'elle diminue, il n'y a d'autre solution que de faire face à la réaction anxieuse. Cette fausse réaction d'alarme ne peut être désamorcée que par apprentissages *in vivo*, dans la réalité. L'exposition **graduelle**, **prolongée** et **répétitive** en est la clé.

On débute par l'exposition à une situation qui induit une légère réaction de peur, plutôt facile à supporter. Quand on apprivoise cette situation jusqu'à ce que les sensations physiques s'évanouissent, la peur devient chose du passé. Le jeune est alors prêt à affronter une peur légèrement plus grande... en visant toujours le même résultat. Voilà pourquoi elle est **graduelle**.

Elle doit également être **prolongée**, parce qu'elle doit durer suffisamment longtemps pour que les symptômes disparaissent. À titre informatif, la durée moyenne d'une attaque de panique est de trente minutes, après quoi les symptômes laissent place à une sensation de fatigue physique et psychologique.

Enfin, la **répétition** est nécessaire jusqu'à ce que cette situation n'entraîne plus aucune réaction de peur.

Petit récit de psy

Pour aider les parents à bien comprendre le fonctionnement de l'exposition graduelle, prolongée et répétitive, je donne parfois cet exemple:

Disons que vous êtes plutôt timide et nerveux lorsque vient le temps de parler en public. Si votre patron vous impose une présentation annuelle devant le groupe des cent cinquante actionnaires de la compagnie pour laquelle vous travaillez, vous risquez fort bien de vous sentir paniqué dans les minutes qui précèdent votre prestation. Cependant, s'il exige que vous fassiez deux présentations par jour à votre groupe de travail (composé disons d'une dizaine de personnes), puis trois par semaines à l'ensemble de vos collègues (cinquante employés) et, enfin, une présentation hebdomadaire aux cent cinquante actionnaires, vous serez certainement plus en confiance quant à vos capacités après quelques mois, n'est-ce pas? Il n'en demeure pas moins toutefois que, s'il confie par la suite ce mandat à un confrère pendant un an, avant de le réintégrer à vos tâches, le chemin parcouru sera peut-être à recommencer…

Je me plais souvent aussi à dire: *On ne montre pas à un enfant à nager en le lançant dans le centre de la piscine, mais, si l'on reste assis sur la première marche, il ne pourra jamais se mouiller…* ;-)

Ça va changer... : s'exposer

Pour obtenir du succès, il faut que l'exposition soit bien planifiée. C'est la méthode des petits pas, ou de l'escalier. Il faut alors choisir les étapes, pour chaque situation anxiogène, en partant de la moins menaçante à la plus difficile. Jusqu'à une dizaine de paliers peuvent être envisagés.

Au départ, on peut permettre à l'enfant de conserver son objet sécurisant, par exemple, puis l'amener tranquillement à le délaisser, pour qu'il comprenne qu'il peut surmonter son anxiété sans lui.

Voici deux exemples d'exposition en palier :

- Ophélie vit de l'anxiété de séparation. Elle a du mal à se séparer de ses parents en d'autres occasions que lorsqu'elle va à l'école.

  Palier 1 Ophélie ira jouer chez la voisine, pendant une heure. Les parents iront la reconduire puis resteront à la maison.

  Palier 2 Ophélie ira jouer chez la voisine, pendant une heure, et s'y rendra seule. Les parents resteront à la maison.

  Palier 3 Ophélie ira jouer chez la voisine, pendant une heure, et s'y rendra seule. Les parents quitteront la maison pendant cette heure.

  Palier 4 Ophélie ira jouer chez la voisine, toute une soirée, et s'y rendra seule. Les parents quitteront la maison jusqu'à l'heure de son retour.

Palier 5 Ophélie ira jouer chez une amie qui vit plus loin, toute une soirée. Les parents la reconduiront en voiture puis iront la rechercher. Ophélie pourra téléphoner une fois pendant son absence.

Palier 6 Ophélie ira jouer chez une amie qui vit plus loin, toute une soirée. Les parents la reconduiront en voiture puis iront la rechercher. Aucun téléphone ne sera permis.

Palier 7 Ophélie ira dormir chez une amie. Les parents la reconduiront puis viendront lui dire bonne nuit en soirée.

Palier 8 Ophélie ira dormir chez une amie. Elle pourra téléphoner à la maison avant de se coucher.

Palier 9 Ophélie ira dormir chez une amie, sans contacter ses parents.

- Théo a une peur phobique des araignées.

    Palier 1 Théo dessinera sur une feuille une araignée.

    Palier 2 Théo regardera des images d'araignées dans un livre.

    Palier 3 Théo recherchera des informations sur les araignées dans les livres ou sur Internet.

    Palier 4 Théo regardera des araignées en mouvement sur des vidéos trouvées sur le Web.

    Palier 5 Théo caressera une araignée en peluche.

Palier 6 Théo prendra dans ses mains de fausses araignées (du type que l'on retrouve à l'Halloween).

Palier 7 Théo ira à l'animalerie observer une araignée (tarentule).

Palier 8 Théo ira à l'animalerie et touchera du doigt l'araignée.

Il convient de rester vigilant, pendant l'exposition, pour repérer toute forme d'évitement qui viendrait contrer les résultats recherchés. Si l'étape est vécue avec trop d'anxiété, il faut diminuer la difficulté, mais absolument poursuivre l'exposition, pour ne pas renforcer la peur ou la croyance que l'enfant est incapable de surmonter la situation.

Les efforts et les progrès méritent aussi d'être claironnés, de façon à valoriser l'enfant, à augmenter son sentiment de confiance et à lui donner envie de poursuivre. N'hésitez pas à crier votre fierté sur tous les toits et à lui répéter de façon incessante que vous croyez en ses capacités.

Comment savoir si je dois consulter ?

Encore une fois, il est tout à fait normal, pour un enfant comme pour un adolescent ou un adulte, de vivre de l'anxiété. Elle n'est certainement pas à anéantir ni à éviter. Cependant, si le jeune semble en détresse importante, c'est-à-dire qu'il vit des émotions négatives de façon intense, fréquente ou constante, qu'il fonctionne difficilement sur le plan familial, social ou académique, ou encore que vous estimez être trop peu outillé pour lui venir en aide et avez besoin vous-même d'être rassuré sur son état, c'est le moment de consulter.

Et la médication, dans tout ça ? Le fait de prendre un médicament pour traiter l'anxiété peut équivaloir à prendre un analgésique pour atténuer la douleur, sans pour autant avoir bien ciblé ce qui cause le malaise. Normalement, les médicaments pour traiter l'anxiété sont rarement prescrits chez les jeunes et la thérapie est plus souvent indiquée. Pour des cas plus importants d'anxiété, ils peuvent cependant être prescrits conjointement avec le travail thérapeutique, lorsque par exemple un enfant est anxieux au point d'être incapable de bénéficier de quelque approche comportementale que ce soit. Cela reste toutefois des cas d'exception et la prise de médication devrait toujours être scrupuleusement évaluée par le médecin traitant.

Conclusion

Vaincre l'anxiété est une tâche ardue, il faut en convenir. Ce qui rend le tout encore plus difficile, c'est qu'elle se manifeste parfois sans crier gare, à des moments inattendus. Parfois productive, quelquefois transitoire, elle devient une ennemie de taille lorsqu'elle s'installe et grandit.

J'espère que les quelques notions que vous aurez acquises à travers la lecture de ce livre sauront vous aider à mieux l'aborder et à la gérer. Ne perdez pas de vue que l'anxiété peut être alimentée par une multitude de facteurs environnementaux et que même la personne la plus motivée et la mieux intentionnée doit évoluer dans un environnement propice pour la vaincre. Ne consacrez pas toutes vos énergies à scruter l'enfant ou l'ado qui vous préoccupe sans d'abord faire un tour complet du jardin, pour repérer ce qui pourrait drainer les énergies et rendre vos efforts vains.

Souvenez-vous également que surmonter l'anxiété est un travail de longue haleine; ne désespérez pas et n'abandonnez pas si vous ne remarquez aucun progrès après peu de temps. Rome ne s'est pas faite en un jour… Poursuivez, le jeu en vaut la chandelle.

N'hésitez surtout pas à demander de l'aide, que ce soit à votre groupe de soutien ou aux professionnels de la santé. Discutez avec vos collègues, votre famille, vos amis… en prenant bien soin de rester critique à l'égard de toutes les solutions miracles que vous entendrez. Fiez-vous un petit peu à votre instinct et n'arrêtez pas de vous renseigner.

Je vous souhaite donc une minidose de courage, une bonne dose de persévérance et une mégagigadose de motivation. Je vous laisse sur les sages paroles de mon bébé, maintenant âgée de treize ans:

Quand je suis anxieuse, je ne veux pas que tu m'aides. Je veux juste que tu sois là, pour que je puisse moi-même apprendre à m'aider. Et puis, quand je réussis, tu peux m'acheter des bonbons…

Si vous avez des questions ou des commentaires, visitez le site Web de l'auteure :

boiteapsy.com

 Consultez également la page Facebook :
La boîte à psy

Vous pensez que votre enfant a un TDA/H ?

De la même auteure

Alors ces livres sont pour vous !

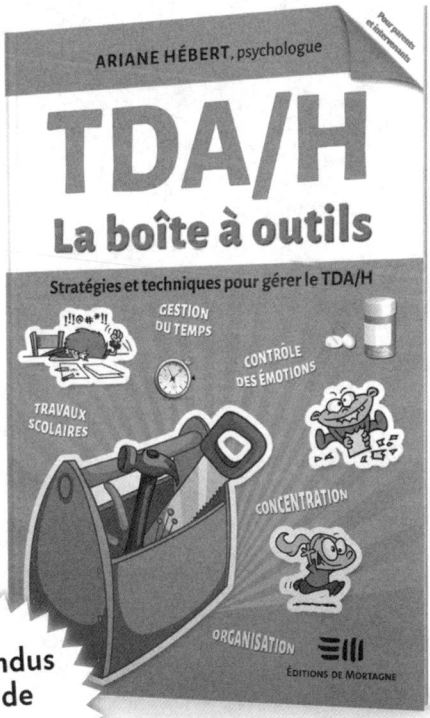

Déjà vendus à plus de 40 000 exemplaires !

À propos de l'auteure

Ariane Hébert est psychologue et a fondé La boîte à psy (www.boiteapsy.com) pour répondre aux besoins des individus et des familles aux prises avec des défis particuliers. Titulaire d'une maîtrise en psychologie de l'UQTR ainsi que d'une scolarité doctorale de l'Université de Montréal, l'auteure s'est spécialisée en évaluation de la santé mentale. Au plan clinique, elle détient une formation en thérapie cognitivo-comportementale et humaniste ainsi qu'une accréditation en EMDR et en stress post-traumatique. Mère de deux enfants atteints de TDA/H, elle est également chargée de cours depuis plusieurs années, chroniqueuse, et psychologue en milieu scolaire et en bureau privé. À ce jour, elle est convaincue que son métier est (tout juste après celui de maman) le plus beau métier du monde...

Achevé d'imprimer
sur les presses de
Imprimerie H.L.N.
Imprimé au Canada - Printed in Canada